경희대학교 아프리카연구센터총서 26

자메이카의 아프리카 민담들 II

홍명희역

아딘크라

홍명희 교수는 프랑스 부르고뉴 대학에서 문학박사 학위를 받았으며, 경희대학교 프랑스어학과 교수로 재직하고 있다. 경희대학교 아프리카연구센터 소장직을 역임했다.

※ 이 저서는 2021년 대한민국 교육부와 한국연구재단의 지원을 받아 수행된 연구임 (NRF-2021S1A5C2A02086919)

역자 서문

  이 책은 Martha Warren Beckwith의 *Jamaica Anansi Stories*(1924)를 번역한 두 번째 책이다. 첫 번째 번역이 주로 서아프리카의 대표적인 사기꾼 캐릭터 아난시 이야기가 주를 이루고 있다면, 이번 책에 실린 이야기들은 마법의 세계와 인간 세계, 인간과 동물의 세계, 동물들의 세계 등 다양한 내용을 담고 있다. 아프리칸 디아스포라의 대표적 지역인 카리브해 지역은 역사적으로 서아프리카 출신 아프리카인들을 중심으로 광범위한 지역 출신 아프리카인들의 용광로와 같았다. 서로 다른 지역의 문화적 배경을 가지고 있던 카리브해의 아프리카인들은 자신들의 문화적 특색을 간직하면서도 새로운 커뮤니티에 빠르게 적응했다. 그 결과 어떤 의미에서는 원래의 아프리카 문화보다 더욱 풍성한 혼종적 문화를 만들어내게 된다. 기존의 아프리카 지역적 문화에 덧붙여 서구 문화까지 혼합되게 된 카리브해의 아프리카 문화는 새로운 자신들의 모습을 갖춰갔으며, 빠르게 세계 전역으로 퍼져나가게 된다. 레게 등 음악을 선두로 한 아프리카의 문화는 오늘날까지 세계 전역의 문화현상에서 그 흔적을 찾아볼 수 있는데, 신화와 민담의 영역에서도 예외가 아니다.

이 책에서 볼 수 있는 많은 자메이카의 민담들은 아프리카의 원초적 구조를 간직하면서도 다양한 변화를 보여준다. 그렇기 때문에 이야기의 원출처인 아프리카 버전과 카리브해 지역 버전의 변형 과정에 대한 탐구도 아프리칸 디아스포라의 문화 형성 과정을 짐작할 수 있는 중요한 연구가 될 것이다. 이 책에서 보듯이 대부분의 이야기가 아프리카 본토 버전들보다 풍성해졌으며, 아프리카 본토 버전들보다 서구 문명의 흔적들이 더 자주 등장한다. 대표적으로 이야기들의 주인공들이 대부분 영어식 이름을 가지고 있다는 특징이 있고, 총과 같은 서구 기술문명의 내용도 많이 포함되어 있다.

그럼에도 불구하고 자메이카의 민담들은 아프리카 민담들의 특징인 그리오를 통한 이야기 전달이라는 공연극의 특징을 강하게 유지하고 있다. 많은 이야기들이 전개 과정에서 노래를 통하여 전달되며, 청중들과의 호흡을 유지하기 위한 표현들도 많이 등장한다. 하루의 고된 일과가 끝난 후 마을 사람들이 저녁 식사를 마친 후 공터에 몰려 앉아 그리오가 들려주는 신기한 이야기들이 빠져드는 것은 수백 년 동안 이어져 내려온 아프리카인들의 전통이다. 청중들은 그리오의 한마디 한마디에 집중하며, 그리오의 이야기와 노래에 운을 맞추며 호응한다. 반복하여 전승되는 아프리카 민담들의 레퍼토리들은 청중도 이미 그 내용을 알고 있는 것도 많지만, 그리오의 공연에 있어서 그러한 사실은 중요하지 않다. 중요한 것은 그리오의 이야기를 들으며, 공동체의 구성원들이 모두 소속감과 연대감을 공유하는 것이다. 그리오의 이야기에 같이 장단을 맞추며 공연에 참여하는 행위는 단순한 엔터테인먼트에의 참여가 아니라, 공동체 사회의 일원이 되는 핵심적 행위이다.

신화와 전설, 민담은 세대 간의 의사소통이자 전달되는 메시지이기 때문에 그 안에는 구성원들의 가치관과 정신적 유산이 담겨 있다. 자메이카의 민담에도 마찬가지로 아프리카인들의 가치관과 세계관, 도덕적 규범들을 찾아볼 수 있다. 아프리카 대륙에서부터 전해 내려온 가치관들과 새로운 환경에서 새롭게 변형되어 추가되는 과정은 이 책에 담긴 이야기들을 읽는 또 다른 재미를 선사한다. 경희대학교 아프리카연구소의 트랜스아프리카 연구의 일환으로 기획된 이번 번역이 모쪼록 아직은 척박한 국내 아프리카 연구에 일조하기를 바란다.

목 차

역자 서문 ·· 1

재산을 만든 콩 ··· 9
아버지의 빚 갚기 ······································ 11
레나맨의 옥수수밭 ···································· 14
사이몬 투투스 ·· 19
나무 아내 ·· 23
샘미 더 컴피리 ··· 26
그랜디 비어드-오 ······································ 29
그랜디 도-안-도 ······································· 33
잭과 해리 ·· 36
메신저 공작새 ·· 38
공작새와 콘타비오 ···································· 41
짖는 강아지 ··· 43
사악한 하인 ··· 45
황금 새장 ·· 47
두 자매 ··· 48
괴물 아수나 ··· 52
강 건너기 ·· 55
탐욕스러운 여동생 ···································· 56
알리모티와 알리민티 ································· 58

물고기 사랑꾼 팀보 림보 ················ 60
물고기, 물고기, 물고기 ················ 64
올드 주나 ································ 66
주긴 스트로우 블루 ···················· 68
마녀와 완두콩 한 알 ··················· 70
보센 코너 ································ 72
소년과 마녀 ····························· 77
루시와 쟈넷 ····························· 83
앤드루와 그의 누이들 ················· 85
사냥꾼으로 변한 황소 ················· 89
여자로 변한 소 ························· 92
뱀 신랑 ·································· 94
노란 뱀 신랑 ··························· 97
신부를 삼킨 뱀 ························· 99
악마 남편 ······························· 100
뱀 남편 이야기 ························ 103
낸시와 황소 신랑 ····················· 106
놀이 노래 ······························· 108
그레이시와 마일스 ···················· 110
두 마리의 황소 ························ 112
볼린더 불 ······························· 116
식인 새 아린토 ························ 120
목소리를 바꾼 호랑이 ················ 122

아난시와 모기 ·· 126
아기 흉내를 낸 아난시 ······································ 128
이빨이 난 아기 ·· 130
긴 머리를 가진 아기 ·· 131
아난시와 에이블 씨 ·· 132
왕의 세 딸 ··· 134
금빛 혀와 금빛 이빨을 가진 아이 ···················· 136
뛰어라, 나무야 뛰어라 ····································· 139
민물 가재 ·· 142
열두 명의 애꾸들 ··· 144
황금색 새와 사냥꾼 ·· 147
잭과 떠돌이 악마 ··· 151
마법의 모자와 생명의 지팡이 ··························· 161
그린 영감과 잭 ·· 166
큰 베검과 작은 베검 ·· 171
바보 형과 현명한 동생 ····································· 174
소년과 인어 ··· 177
어려운 과제 ··· 179
은혜 갚은 동물들 ··· 181
점쟁이 잭 ·· 184
은혜 갚은 시체들 ··· 186
소년과 그의 주인 ··· 190
동물의 언어 ··· 193

세 가지 조언 ···································· 196
세 형제와 생명의 나무 ························ 199
세 명의 바보 ···································· 204
사자 굴 속의 염소 ····························· 207
당나귀, 고양이, 그리고 사자의 머리 ······· 209
똑똑한 몰리 메이 ······························· 211
큰돈을 번 아난시 ······························· 213
시장에서 돌아오는 아난시와 돼지 ·········· 215

재산을 만든 콩

Eiheline Samuels, Claremont, St. Ann.

어느 날 한 늙은 여자가 길을 가다가 콩을 한 알 주웠다. 그녀는 그 콩을 땅에 심었다. 콩이 자라자, 그녀의 염소가 그것을 먹어 버렸다. 늙은 여자는 염소에게 크게 화를 내면서 콩을 물어내라고 말했다. 염소는 자신이 여자에게 줄 것이 아무것도 없으니 자기 뿔을 하나 가지라고 했다. 여자는 염소의 뿔을 하나 뽑아서 그것을 씻기 위해 강가로 갔다. 갑자기 강물이 넘실대서 그녀는 뿔을 빠트리고 말았다. 여자는 강에게 크게 화를 냈다. 강은 자신은 줄 것이 물고기밖에 없다고 말했다. 늙은 여자는 물고기를 받았다.

 늙은 여자는 계속 길을 가다가 매우 배고파하는 한 남자를 만났다. 그녀는 남자에게 물고기를 주었다. 남자가 물고기를 다 먹자, 그녀는 남자에게 크게 화를 냈다. 남자는 그녀에게 모린1) 천을 주었다. 그녀는 조금 더 가다가 소를 키우는 사람을 만났다. 그녀는 소를 키우는 사람에게 모린 천을 주었다. 소몰이꾼이 천을 다 닳게 하자 그녀는 다시 크게 화를 냈다. 소몰이꾼은 자신은 줄 것이 채찍밖에 없다고 말했다. 채찍을 받은 여자는 조금 더 가다가 소들을 몰고 가는 남자를 만났다. 그녀는 그 남자에게 채찍을 주었다. 남

---

1) Moreen, 직물의 일종

자가 채찍질하다 채찍이 끊어지자, 그녀는 남자에게 크게 화를 냈다. 남자는 늙은 여자에게 소를 한 마리 주었다. 늙은 여자는 그 소에서 시작해서 큰 부자가 되었다.

아버지의 빚 갚기

Simeon Falconer, Santa Cruz Mountains.

한 남자가 친구에게 5파운드를 빌렸다. 돈을 빌려준 친구가 돈을 받기 위해 친구의 집으로 갔다. 친구의 집에는 친구의 아들만 혼자 있었다. 돈을 빌려준 친구가 물었다.

"너희 아버지 어디 계시냐?"

아들이 대답했다.

"아버지는 썩은 담장을 만들기 위해서 새 담장을 부수러 가셨어요."

친구가 물었다.

"어머니는 어디 계시냐?"

"어머니는 단것을 사기 위해 단것을 팔러 시장에 가셨어요."

"네 형은 어디 있느냐?"

"형은 잡은 것은 죽이고, 잡지 못한 것은 산채로 집으로 가져오기 위해서 바다에 갔어요."

"네 누이는 어디 있느냐?"

"누나는 작년에 기뻐하던 것 때문에 슬퍼하면서 집에 있어요."

"너는 무엇을 하고 있느냐?"

"오븐에서 뜨거운 벽돌을 꺼내고 있어요."

아들의 말을 들은 친구가 말했다.

"이런 얘야, 너는 지금 아주 어려운 수수께끼를 내고 있구나. 나에게 답을 말해 주면, 5파운드를 주마."

그러자 친구의 아들이 말했다.

"내가 아저씨에게 우리 아버지가 썩은 담장을 만들기 위해서 새 담장을 부수러 갔다고 말한 건 우리 아버지가 아저씨에게 5파운드를 빌렸고, 그걸 갚기 위해 5파운드를 빌리러 갔다는 뜻이에요. 우리 엄마가 단것을 사기 위해 단것을 팔러 시장에 갔다는 건 설탕을 사기 위해 꿀을 팔러 갔다는 뜻이에요. 우리 형이 잡은 것은 죽이고, 잡지 못한 것은 산채로 집으로 가져오기 위해서 바다에 갔다는 것은 머리에 있는 이를 잡아서 죽이기 위해 침대로 갔다는 뜻이에요. 이를 찾아내서 죽이지 못하면 머릿속에 있는 이를 다시 가지고 와야 하니까요.

우리 누나가 작년에 기뻐하던 것 때문에 슬퍼하면서 집에 있다는 것은 작년에 아이를 낳아서 기뻐했었는데, 아이가 죽어서 지금 울고 있다는 뜻이에요. 내가 오븐에서 뜨거운 벽돌을 꺼내고 있다는 것은 내가 발에서 양충[2]을 떼어내고 있다는 뜻이에요."

친구가 말했다.

"이제 너의 모든 수수께끼가 풀렸구나. 너는 5파운드를 받을 자격이 있다."

아들이 말했다.

---

[2] 사람이나 동물의 피부 속에 알을 낳는 열대 지방 벼룩

"그러면 그 5파운드로 아버지의 빚을 갚아주세요."

그래서 돈을 빌려준 친구는 친구의 빚을 갚아주고 확인서를 써주었다.

레나맨의 옥수수밭

George Parkes, Mandeville.

'레나맨'이라는 이름의 남자가 있었다. 그는 어느 곳의 땅을 조금 빌렸다. 그는 그곳이 묘지로 쓰는 땅이라는 것을 몰랐다. 그곳은 대략 20에이커 정도 되는 넓이였다. 그는 그 부지를 정돈하기 위해서 마체테 칼을 가지고 잡초를 베기 시작했다.

그때, 레나맨은 어떤 목소리가 말하는 것을 들었다.

"누가 여기서 풀을 베는 것이냐?"

레나맨이 대답했다.

"나야, 레나맨이야."

목소리가 말했다.

"큰 것들과 작은 것들아, 일어나서 레나맨이 풀을 베는 것을 도와라. 오늘 풀이 하나도 남아서는 안 된다."

그러자 크고 작은 모든 유령이 일어나서 풀을 깨끗이 베었다.

레나맨은 매우 기뻐했다. 그는 집으로 가서 아내에게 자신이 만난 행운에 대해서 말해 주었다. 풀들이 다 마르자, 레나맨은 돌아와서 풀들을 태웠다. 레나맨이 불붙은 풀들을 바라보고 있을 때 목소리가 말하는 소리가 들렸다.

"누가 여기서 풀을 태우는 것이냐?"

레나맨이 대답했다.

"나야, 레나맨이야."

목소리가 말했다.

"큰 것들과 작은 것들아, 일어나서 레나맨이 풀을 태우는 것을 도와라. 오늘 풀이 하나도 남아서는 안 된다."

그러자 모든 유령이 일어나서 레나맨을 도와 모든 풀을 깨끗이 소각했다.

다음날 레나맨은 아내와 함께 옥수수를 심으러 갔다. 그들이 "헙!"하고 첫 삽을 뜨자 목소리가 말했다.

"누가 여기서 옥수수를 심는 것이냐?"

레나맨이 대답했다.

"나야, 레나맨이야."

목소리가 말했다.

"큰 것들과 작은 것들아, 일어나서 레나맨이 옥수수 심는 것을 도와라. 오늘 옥수수가 하나도 남아서는 안 된다."

그러자 모든 유령이 일어나서 레나맨을 도와 20에이커에 달하는 밭 전체에 옥수수를 심었다.

옥수수들이 자라자, 레나맨은 잡초를 뽑으러 밭으로 갔다. 그가 잡초를 뽑기 시작하자 목소리가 들렸다.

"누가 여기서 잡초를 뽑는 것이냐?"

레나맨이 대답했다.

"나야, 레나맨이야."

목소리가 말했다.

"큰 것들과 작은 것들아, 일어나서 레나맨이 잡초 뽑는 것을 도와라. 오늘 잡초가 하나도 남아서는 안 된다."

그러자 모든 유령이 일어나서 레나맨이 그날 잡초 뽑는 것을 도왔다.

시간이 지나 옥수수가 잘 익었고, 잘 건조되었다. 레나맨은 어느 날 아내와 아들을 보내서 옥수수들이 잘 익었는지 확인해 보고 오라고 말했다. 그러면서 그는 아내와 아들에게 옥수수를 하나라도 따면 절대로 안 된다고 말했다. 그들이 옥수수를 하나라도 따면 유령들이 옥수수를 모두 따갈 것이고 그러면 자신은 아무런 수확도 못 하게 될 것이기 때문이었다.

레나맨은 사람들을 많이 불러 모아 동시에 옥수수를 따서 유령들이 옥수수를 따려고 달려들기 전에 수확할 생각이었다. 레나맨의 아내와 아들은 옥수수밭으로 갔다. 그러나 그들이 밭으로 갔을 때 그들은 레나맨이 당부했던 사실을 잊어버렸다. 옥수수밭을 살펴보던 도중 아내와 아들은 옥수수를 하나씩 땄다. 목소리가 들렸다.

"누가 여기서 옥수수를 따는 것이냐?"

아내와 아들이 대답했다.

"레나맨의 아내와 아들입니다."

목소리가 말했다.

"큰 것들과 작은 것들아, 일어나서 레나맨의 아내와 아들이 옥수수 따는 것을 도와라. 오늘 옥수수가 하나도 남아서는 안 된다."

그러자 모든 유령이 일어나서 옥수수를 모두 따 가버렸다.

아내와 아들은 집으로 돌아와서 이 사실을 레나맨에게 말했다. 레나맨은 아내와 아들과 함께 밭으로 달려갔다. 밭에는 수확할 옥수수가 하나도 남지 않았다. 레나맨은 화가 나서 아내와 아들을 때리기 시작했다. 목소리가 말했다.

"누가 여기서 아내와 아들을 때리는 것이냐?"

화가 난 레나맨이 대답했다.

"나다, 레나맨이다!."

목소리가 말했다.

"큰 것들과 작은 것들아, 일어나서 레나맨이 아내와 아들을 때리는 것을 도와라. 오늘 아내와 아들이 살아있어서는 안 된다."

그러자 모든 유령이 일어나서 아내와 아들을 때렸고, 아내와 아들은 죽었다.

레나맨은 당황해서 어떻게 해야 할지 몰라 머리를 긁기 시작했다. 목소리가 말했다.

"누가 여기서 머리를 긁는 것이냐?"

레나맨이 대답했다.

"나야, 레나맨이야!."

목소리가 말했다.

"큰 것들과 작은 것들아, 일어나서 레나맨이 머리를 긁는 것을 도와라. 오늘 머리가 남아 있어서는 안 된다."

그러자 유령들이 모두 달려들어 레나맨의 머리를 긁었고, 결국 레나맨은 죽었다.

사이몬 투투스

Thomas White, Maroon Town, Cock-pit country.

옛날에 한 여자가 아이를 낳았다. 그 아이의 이름은 '사이몬 투투스'였다. 그 아이의 어머니는 교회에 다니는 여자였고, 그녀는 아이를 교회에 보내곤 했다. 그런데 어머니가 죽고 나서, 사이몬 투투스는 혼자 살아나가야 했다. 사이몬 투투스는 덫을 만들고, 그것을 숲에 설치해 두었다. 그리고 일요일에 숲으로 가서 자신의 덫을 찾으러 갔다. 그가 덫을 들어 올리자, 덫에 뱀이 들어 있었다. 사이몬 투투스는 덫을 그대로 두고 가려 했다. 그때 뱀이 그에게 말했다.

"나를 데려가라, 나를 데려가라,
사이몬 투투스, 렌논 소년,
오, 렌논 소년, 투 나 투."

사실 그 뱀은 그의 죽은 어머니였다. 그래서 그렇게 노래한 것이었다.

"네 덫을 가져가라, 네 덫을 가져가라,
사이몬 투투스, 렌논 소년,
네 덫을 가져가라,
오 렌논 소년!
투 나 투!"

사이몬 투투스는 덫을 들어 집으로 가져갔다. 덫을 내려놓자 뱀이 말했다.

"나를 꺼내라, 나를 꺼내라,
사이몬 투투스, 레논 소년,
나를 꺼내라, 오 레논 소년!
투 나 투!"

사이몬 투투스는 뱀을 꺼내서 길게 펴고 목을 잘랐다.

"냄비를 씻어라, 냄비를 씻어라,
사이몬 투투스, 레논 소년,
냄비를 씻어라, 오 레논 소년!
투 나 투!"

사이몬 투투스는 냄비를 씻고, 뱀을 잘라 냄비에 넣고 불을 지폈다. 냄비가 끓기 시작하자, 뱀이 냄비를 불에서 내리라고 말했다.

"접시를 씻어라, 접시를 씻어라,
사이몬 투투스, 레논 소년,
접시를 씻어라, 오 레논 소년!
투 나 투!"

사이몬 투투스는 접시를 씻었다.

"칼을 닦아라, 칼을 닦아라,
사이몬 투투스, 레논 소년,
칼을 닦아라, 오 레논 소년!
투 나 투!"

사이몬 투투스는 칼을 닦았다.

"테이블을 차려라, 테이블을 차려라,
사이몬 투투스, 레논 소년!
테이블을 차려라, 오 레논 소년!

투 나 투!"
사이몬 투투스는 테이블을 차렸다. 뱀이 또 말했다,
"나를 꺼내라, 나를 꺼내라,
티몬 투투스, 레논 소년,
나를 꺼내라, 오 레논 소년!
투 나 투!"
사이몬 투투스는 뱀을 꺼냈다.
"테이블에 나를 눕혀라, 테이블에 나를 눕혀라,
사이몬 투투스, 레논 소년,
테이블에 나를 눕혀라, 오 레논 소년!
투 나 투!"
사이몬 투투스는 뱀을 테이블에 눕혔다.
"의자를 끌어와라, 의자를 끌어와라,
사이몬 투투스, 레논 소년,
의자를 끌어와라, 오 레논 소년!
투 나 투!"
사이몬 투투스는 의자를 끌어왔다.
"이제 나를 먹어라, 이제 나를 먹어라,
사이몬 투투스, 레논 소년!
이제 나를 먹어라, 오 레논 소년!
투 나 투!"
사이몬 투투스는 뱀을 먹었다. 사실은 죽은 어머니를 먹은 것이다.
"무덤 파는 사람을 불러라, 무덤 파는 사람을 불러라,
사이몬 투투스, 레논 소년,

무덤 파는 사람을 불러라, 오 레논 소년!
투 나 투!"
"목수를 불러라, 목수를 불러라,
사이몬 투투스, 레논 소년,
목수를 불러라, 오 레논 소년!
투 나 투!"
사이몬 투투스가 뱀을 다 먹었다.
"기도해라, 기도해라,
사이몬 투투스, 레논 소년,
기도해라, 오 레논 소년!
투 나 투!"
"네 침대로 가라, 네 침대로 가라,
사이몬 투투스, 레논 소년,
네 침대로 가라, 오 레논 소년!
투 나 투!"
그가 침대로 가자, 어머니가 그의 배에서 나왔고, 그것이 사이몬 투투스의 마지막이었다.

나무 아내

Thomas White, Maroon Town.

옛날에 한 사냥꾼이 있었는데, 그에게는 아내가 없었다. 그는 하루 종일 숲에서 사냥을 했다. 어느 날 그는 숲으로 들어가 사냥을 하고 집으로 돌아오던 중, 예쁜 재스민 나무를 발견했다. 사냥꾼이 말했다,

"오, 내 사랑스러운 아이야, 정말 예쁜 나무구나!"

그리고 그는 말했다,

"만약 이 나무가 내 아내로 변한다면, 나는 그와 결혼하고 싶어!"

그러자 나무는 그가 말한 대로 변했다. 나무가 여자로 변한 것이다. 여자는 벌거벗은 채로 있었기 때문에, 사냥꾼은 잠시 기다려 집으로 돌아가 옷을 가져와 그녀를 예쁘게 입히고 집으로 데려갔다.

사냥꾼은 여자와 오랫동안 함께 살았다. 어느 날 그는 숲으로 사냥을 가면서, 아내를 집에 남겨두고 갔다. 사냥을 하는 동안 날이 저물어 그는 숲에서 잠을 자고 다음 날까지 돌아오지 않았다. 사냥꾼이 숲으로 간 후, 다른 남자가 그의 집에 와서 그의 아내를 납치했다. 그 남자는 여자를 자기 집으로 데려갔다. 다음 날 숲에서 돌아온 불쌍한 사냥꾼은 아내를 찾을 수 없었다. 아내는 다른 남자의 집으로 끌려가

면서 두려움 속에서도, 남편이 자신을 찾을 방도를 생각했다. 그 남자의 집은 남편의 집에서 약 2마일 정도 떨어진 곳에 있었다. 아내는 그 남자의 집까지 가는 내내 침을 뱉었다.

사냥꾼은 아내를 찾을 수 없어서 분노에 휩싸였고, 어떻게 해야 할지 몰랐다. 그는 노래를 불렀다.

"제스타 베요, 에-에-에-에-오 제스타 베요,
아, 아내가 죽을 거야, 오,
아내가 죽을 거야, 오,
나무가 뿌리를 뽑혔으니, 오."
"제스타 베요, 에, 에, 에, 오! 제스타 베요,
아, 아내가 죽을 거야, 오,
아내가 죽을 거야, 오,
나무가 뿌리를 뽑혔으니, 오."

사냥꾼이 노래를 부를 때마다, 아내가 뱉은 침이 그에게 대답했다.

"제스타 베요, 에, 에, 에, 오!
제스타 베요, 아, 죽을 거야,
죽을 거야, 오, 나무가 뿌리를 뽑혔으니!"

사냥꾼은 아내가 여자가 침을 뱉은 모든 곳에 가서 노래를 불렀다.

"제스타 베요, 에, 에, 에, 오,"

사냥꾼은 반 마일마다 멈춰서 노래를 부르며 마침내 2마일을 갔다. 여자는 남편의 목소리를 듣고 문으로 나왔다. 그녀는 남편이 달려오는 것을 보았다. 사냥꾼은 아내를 집으로 바로 데려갔다.

샘미 더 컴피리

Thomas White, Maroon Town.

어떤 여자에게 아들이 하나 있었는데, 그 아이는 어머니와 아버지 말을 듣지 않는 지독한 말썽꾸러기였다. 그는 하루 종일 활과 화살을 쏘는 것 말고는 할 일이 없었다. 어느 날 그 아이는 활과 화살을 들고 화살을 쏘았는데, 화살이 '제주스'의 집 마당에 떨어졌다. 그 아이는 화살을 주우러 마당으로 들어갔다. 제주스의 아내가 마당에 있었고, 제주스는 밖에 나갔는지 집에 없었다. 제주스의 아내는 마당에서 모든 옷을 햇빛에 말리고 있었다. 제주스의 아내는 그 아이를 집 안에 가둬두고 하루 종일 지켜보았다. 그런데 비가 와서 제주스의 옷이 모두 젖어버렸다. 그 아이가 바로 '샘미 더 컴피리'였고, 그 아이 때문에 옷이 모두 젖어버린 것이었다.

제주스가 돌아왔을 때, 그는 비를 맞아 젖어 있었고, 갈아입을 마른 옷이 하나도 없었다. 제주스는 아내에게 돌아서서 그날 종일 집에서 뭘 했는지, 왜 옷을 다 젖게 했는지 물었다. 아내는 제주스에게 샘미 더 컴피리 때문에 옷이 젖어버렸다고 대답했다. 제주스는 그녀가 하루 종일 집 안에만 있었기 때문에 옷이 젖은 것이라고 말했다. 그러자 그 여자는 제주스에게 만일 그가 샘미 더 컴피리만큼 잘생겼더라면 자신이 더 잘해주었을 것이라고 대답했다.

그러자 제주스는 아내에게 자신이 샘미 더 컴피리보다 더 낫다는 것을 알고 있다고 말했다. 그리고 만일 샘미 더 컴피리가 자신보다 더 잘 생겼다면, 과연 그런지 자신이 보겠다고 했다.

그리고 제주스는 아궁이에 꽂혀 있던 쇠막대기를 들었다. 쇠막대기는 불처럼 뜨거워져 붉게 달아올랐다. 그는 샘미 더 컴피리를 불러오라고 했다. 샘미 더 컴피리가 오자, 제주스는 그에게 하루 종일 마당에서 무엇을 했는지 물었다. 샘미 더 컴피리는 자기가 활로 화살을 쏘았는데 화살이 마당에 떨어졌고, 그 후 마당에 들어가 화살을 주우려 했더니 아내가 자기를 집 안에 붙잡아 놓아서 그녀에게서 벗어날 수 없었으며, 비가 올 때까지 집 안에 있어야만 했다고 말했다.

제주스는 아내가 자신에게 샘미 더 컴피리가 자신보다 더 잘생겼다고 말했다고 말했다. 그리고 그는 샘미 더 컴피리에게 쇠막대기 위로 올라가라고 명령했다. 샘미 더 컴피리는 녹아내리기 시작했다. 그는 노래를 불렀다.

　　"아, 내 샘미 더 콘-파-리-아 에-로, 지-라
　　노, 아, 인 딘 로, 아, 에 도메다 데 아, 지-로 노,
　　아, 내 샘미 더 콘-파-리-아 에-로, 지-라
　　노, 아, 인 딘 로, 아, 에 도메다 데 아, 지-로 노,
　　아, 인 딘 로"

그는 다리까지 녹아내렸다. 그리고 다시 노래했다.

　　"아, 내 샘미 데 콘-파-리-아!"

그는 허리까지 녹아내렸다. 그리고 다시 노래했다.
"아, 내 샘미 데 콘-파-리-아!"
그의 한 손이 녹아내렸다. 그는 다시 노래했다.
"아, 내 샘미 데 콘-파-리-아!"
그는 목까지 녹아내렸다. 그리고 그는 다시 노래했다.
"아, 내 샘미 데 콘-파-리-아!
기라 노 아 인 딘 로!"
그리고 그는 아무것도 남지 않고 녹아내렸다. 당신이 쇠막대기를 보면, 쇠막대기 주변에 지방이 쌓여 있다. 세상에 태어난 모든 잘생긴 남자들은 샘미 더 컨피리의 지방을 얻었기 때문이다. 모든 추한 남자들은 아무것도 얻지 못한 것이다.

그랜디 비어드-오

Moses Hendricks, Mandeville.

옛날에 한 노파가 살았는데, 그녀는 마녀였지만 매우 부자였다. 그녀는 혼자 살았다. 그녀는 말, 소, 양, 당나귀 등 많은 가축을 키웠는데, 종류마다 따로따로 목장에 넣어 키웠다. 그 노파의 이름은 '그랜디 비어드-오'였지만, 아무도 그 이름을 몰랐다. 그녀는 함께 저녁을 먹을 사람을 원했다. 어느 날 그녀는 작은 소녀를 만나게 되었다. 그녀는 그 소녀를 집으로 데려갔다. 식사를 준비한 후 그녀는 소녀를 불러 자신의 이름을 아는지 물었다. 소녀는 대답했다.
"아니요, 부인"
그녀는 소녀에게 말했다.
"내 이름을 말하지 않으면 아무것도 주지 않을 거야."
그녀는 소녀에게 물을 길어오라고 보냈다. 소녀는 물을 찾기 위해 모든 목장을 지나야 했다. 당나귀는 당나귀들끼리, 소는 소들끼리, 말은 말들끼리, 양은 양들끼리 있었다. 소녀는 배가 고파서 울며 걸어갔다. 그녀는 첫 번째 목장인 소목장에 들어갔다. 소가 그녀에게 말했다.
"너 왜 그러니, 아가?"
소녀가 말했다.
"할머니는 내가 자기 이름을 말하지 않으면 먹을 걸 아무것도 주지 않을 거예요!"

소는 두려워서 그녀에게 말하지 못했다.

그곳을 나와 소녀는 계속 울면서 당나귀 목장으로 들어갔다. 당나귀가 말했다.

"어떻게 된 거니, 아가?"

소녀가 말했다.

"할머니는 내가 자기 이름을 말하지 않으면 먹을 걸 아무것도 주지 않을 거예요!"

당나귀도 말해 주지 않았다.

그녀는 말 목장으로 들어가며 계속 울었다. 말이 말했다.

"어떻게 된 거니, 아가?"

"할머니가 내가 자기 이름을 말하지 않으면 먹을 걸 아무것도 주지 않을 거래요!"

말도 말해 주지 않았다.

그녀는 황소 목장으로 들어가며 계속 울었다. 황소가 말했다.

"어떻게 된 거니, 아가?"

"할머니가 자기 이름을 말하지 않으면 아무것도 주지 않을 거래요!"

황소가 말했다.

"이런! 집에 가면 할머니에게 이름을 말해라. 그녀의 이름은 그랜디 비어드-오야."

황소는 강한 남자였기 때문에 두려워하지 않았다!

소녀는 기뻐서 서둘러 집으로 돌아가 먹을 것을 달라고 했다. 노파가 말했다.

"내 이름을 말하면 먹을 것을 주겠다."

소녀가 말했다.

"당신의 이름은 그랜디 비어드-오예요, 부인."

노파는 매우 화가 났지만, 소녀에게 좋은 음식을 주고 나서 누가 소녀에게 자기 이름을 알려줬는지 찾기 시작했다. 소 목장으로 들어갔다.

"너 소야, 너 소야, 너 소야. 네가 소녀에게 내 이름이 그랜디 비어드-오라고 말했니?"

소가 말했다,

> "링 딩 딩, 엄마, 링 딩 딩; 링 딩 딩, 엄마, 링 딩 딩; 나 말 안 했어요."

그러자 그녀는 말 목장으로 뛰어갔다.

"너 말아, 소녀에게 내 이름이 그랜디 비어드-오라고 말했어?"

말이 말했다.

> "링 딩 딩, 엄마, 링 딩 딩; 링 딩 딩, 엄마, 링 딩 딩; 나 말 안 했어요."

그녀는 황소 목장으로 들어갔다.

"너 황소야, 너 항소야, 너 황소야, 왜 그 소녀에게 내 이름이 그랜디 비어드-오라고 말했어?"

황소가 말했다,

> "링 딩 딩, 엄마, 링 딩 딩; 링 딩, 딩, 엄마, 링 딩

딩; 젠장, 내가 말했어!"

노파는 황소를 붙잡아 공중으로 던졌다. 황소는 떨어졌지만 아무 일도 일어나지 않았다. 황소도 노파를 공중으로 던졌고, 그녀는 떨어지면서 한쪽 다리가 부러졌다. 그녀는 황소를 다시 던졌고, 황소는 다치지 않고 내려왔다. 황소는 그녀를 다시 던졌고, 그녀는 다른 다리가 부러졌다.

그녀가 다시 황소를 던졌지만 아무 일도 일어나지 않았다. 황소는 그녀를 던졌고, 그녀는 내려오면서 한쪽 팔이 부러졌다. 그녀는 황소를 다시 던졌고, 황소는 다치지 않고 내려왔다. 황소는 그녀를 다시 던졌고, 그녀는 다른 쪽 팔이 부러졌다.

그녀가 황소를 다시 던졌고, 황소는 다치지 않고 내려왔다. 황소가 마지막으로 던진 순간, 그녀의 목이 부러졌다. 그게 그녀의 끝이었다. 소녀는 노파가 소유한 모든 것의 주인이 되었고, 그 땅은 오늘날까지 유산으로 손에서 손으로 전해지고 있다.

그랜디 도-안-도

Julia Gentle, Malvern, Santa Cruz Mountains.

매우 악한 여자에게 딸이 하나 있었다. 여자가 딸에게 말했다.

"강에 가서 물을 길어오고, 돌아올 때 내 이름을 말하지 못하면 너를 죽일 거야."

딸은 물을 길으러 가다가 게를 만났다. 게가 딸에게 어디로 가냐고 물었다. 딸이 말했다.

"할머니가 강에 물을 길으러 보내셨고, 돌아올 때 할머니 이름을 말하지 못하면 할머니가 나를 죽이시겠다고 하셨어요."

게가 그녀에게 말했다.

"가서 그 여자에게 당신 이름은 '그랜디 도-안-도'라고 말해라."

딸이 물을 길어 집에 돌아왔을 때, 그녀는 게가 가르쳐 준 이름을 잊어버렸다. 노파는 딸을 죽여야겠다고 생각하고 물을 쏟아버리고 그녀를 돌려보냈다. 그녀가 다시 돌아오자, 게가 다시 이름을 알려주며 말했다.

"집으로 가는 길에 노래를 불러라!"

그래서 소녀는 집으로 돌아가면서 노래를 불렀다.

"당신의 이름은 그란디-도-안-도예요.

당신의 이름은 그란디-도-안-도예요."

노파는 자신의 이름을 듣고 화가 나서 길을 나섰다. 노파가 소를 만나서 말했다.

"소야, 너 그 소녀에게 그랜디 도-안-도라는 이름을 알려주었니?"

소가 말했다.

"아니요, 아니요, 내가 그에게 당신의 이름이 그랜디 도-안-도라고 말하지 않았어요!"

그녀는 길을 계속 가다 양을 만나서 말했다.

"너 양아, 그 소녀에게 그랜디 도-안-도라는 이름을 알려줬니?"

양이 말했다.

"아녜요, 아녜요,

말을 만나서 말했다.

"너 말아, 그 소녀에게 내 이름이 그랜디 도-안-도라고 알려줬니?"

말이 말했다.

"아니오, 아니오, 제가 그랜디 도-안-도라고 말하지 않았어요!"

오리를 만나서 말했다,

"너 오리야, 그 소녀에게 그랜디 도-안-도라고 이름을 가르쳐 줬니?"

오리가 말했다,

"아녜요, 아녜요, 제가 그랜디 도-안-도라고 말하지 않았어요!"

노파는 게를 만나서 말했다.

"너 게야, 그 소녀에게 내 이름이 그랜디 도-안-도라고 말해줬니?"

게가 말했다.,

"네, 내가 그녀에게 당신 이름이 그랜디 도-안-도라고 말해줬어요!"

노파는 화가 나서 마체테 칼을 들어 게를 내리쳤다. 게는 구멍에 빠져버렸고, 지금까지 그 구멍에서 살고 있다.

잭과 해리

William Forbes, Dry River, Cock-pit country.

'잭'과 '해리', 두 사람은 산책하러 나갔다. 아침은 시원했고, 그들은 감시탑에 있는 노인에게 다가갔다. 해리가 말했다.

"오! 선생님, 커피가 있다면 조금만 주시겠어요?"

노인이 말했다.

"그러렴, 애야!"

노인은 잭에게 커피 한 잔을 주었다. 해리에게도 커피 한 잔을 주었다. 노인은 아직 자기 커피를 마시지 않았다. 잭이 말했다.

"해리, 내가 노인의 커피를 빼앗아 마실게."

해리가 말했다.

"아니, 잭, 그러지 마!"

그러나 잭은 노인의 커피를 빼앗아 마셨다. 노인이 그들을 쫓아가자, 그들은 달아났다. 그들은 달아나면서 닭 한 마리와 병아리들을 보았다. 해리가 말했다.

"제발, 좋은 닭아, 나를 날개로 덮어줘!"

닭은 자신의 병아리들처럼 그들을 날개로 덮었다. 노인은 그들을 쫓아오다가 보지 못하고 돌아섰다. 잭이 말했다.

"내가 닭의 날개를 찢을 거야."

해리가 말했다.

"안돼, 그러지 마!"

그러나 잭이 말했다.

"반드시 찢어야 해!."

잭이 닭의 날개를 찢자 암탉이 그들을 따라 날갯짓을 시작했다. 잭과 해리는 도망쳤고 암탉이 그들을 따라왔다. 길에 노파가 서 있었다. 해리가 말했다,

"여보세요, 할머니, 코트를 벗어 우리를 덮어주세요!"

그녀가 그들을 덮자, 잭은 막대기를 들고 말했다,

"나는 그 노파를 질식시킬 거야."

해리가 "하지 마!"라고 말했지만, 잭이 노파의 목을 조이기 시작했다. 노파가 그들을 쫓아갔다. 그들이 도망가는 길에 까마귀가 있었다. 해리가 말했다.

"착한 까마귀야, 우리를 날개에 태워 이 노파로부터 멀리 데려가 줘!"

까마귀는 잭과 해리를 들어 올려 하늘로 날아갔고, 늙은 여자는 그들을 따라잡을 수 없었다. 잭이 말했다.

"내가 까마귀의 날개를 찢어서 떨어뜨릴 거야."

해리가 말했다,

"아니야, 잭, 하지 마!"

까마귀 날개를 찢자, 그들은 까마귀와 함께 땅으로 떨어졌다. 떨어지면서, 그들은 의식을 잃었다. 그들이 의식을 되찾자, 땅거북이 다가오는 것을 보았다. 해리가 땅거북에게 소리치자, 거북이가 머리를 내밀었다. 그러자 잭이 거북이 머리를 잘랐다.

메신저 공작새

Matilda Hall, Maroon Town.

결혼한 부부가 있었다. 남편은 도박꾼이었는데, 아내와 함께 집에 머무는 날이 거의 없었다. 아내가 아이를 가진 지 아홉 달이 되어 아이를 낳을 때가 되다. 아내는 산파를 불렀다. 산파가 왔을 때 남편은 집에 없었다. 산파는 누군가를 보내 남편을 불러오라고 했다. 남편의 이름은 존 스튜디였다. 그래서 아내는 마당에 있는 모두를 불러 모았다. 그녀는 암탉과 수탉을 불러서 물었다.

"내 남편을 불러오려면 어떻게 말하겠니?"

수탉이 울었다,

"코 쿠 루 쿠-우-우!"

"너는 안 되겠다."

그녀는 개를 불러서, "너는 어떻게 말할래?"라고 물었다.

개가 말했다,

"후-오!"

"너도 안 돼."

아내는 고양이에게 무슨 말을 할지 물었다. 고양이가 말했다,

"미-오!"

"안 돼."

그녀는 공작새를 불렀다. 그는 공작새에게 옥수수 한 줌을 주면서 무슨 말을 할지 물었다. 공작새가 노래했다.

"당신은 존 스튜디, 당신은 존 스튜디,
나의 주인 존 스튜디,
실로에서 온 예쁜 여자가 있어,
실로에서 온 멋진 여자가 있어,
새로운 존의 아이를 돌봐주기를 원해,
막 아이를 낳으려고 해."

아내가 말했다.
"그래! 너는 할 수 있겠다!"

공작새는 수 마일을 날아갔다. 그러나 주인 '존 스튜디'를 보지 못했다. 공작새는 계속 날아갔다. 옥수수 한 줌을 들고 날아갔다. 그러다 그는 어떤 집 지붕 위에 내려앉아 노래했다.

"당신은 존 스튜디, 당신은 존 스튜디,
나의 주인 존 스튜디,
실로에서 온 예쁜 여자가 있어,
실로에서 온 멋진 여자가 있어,
새로운 존의 아이를 돌봐주기를 원해,
막 아이를 낳으려고 해."

공작새의 노래를 들은 사람들이 말했다.
"존 스튜디가 여기 있었지만, 그냥 떠나버렸어, 그 큰 도박꾼이!"

공작새는 다시 약 1마일 떨어진 곳으로 날아가 다른 큰 집으로 지붕 위에 올랐다. 그는 큰 소리로 노래를 불렀다,

"당신은 존 스튜디, 당신은 존 스튜디,
나의 주인 존 스튜디,
실로에서 온 예쁜 여자가 있어,
실로에서 온 멋진 여자가 있어,
새로운 존의 아이를 돌봐주기를 원해,
막 아이를 낳으려고 해."

존 스튜디가 와서 말했다.

"누가 내 이름을 불렀나?"

존 스튜디는 지붕 위에 있는 공작새를 보고 말했다.

"아, 아내가 나를 찾는구나!"

그는 공작새를 데리고 급하게 마차를 잡아탔다. 존 스튜디는 목에 걸린 금목걸이를 벗어 공작새에게 걸어줬다. 공작새는 그 금목걸이 때문에 목에 금빛 깃털을 갖게 되었다. 그래서 그 깃털이 집으로 돌아오자, 그는 아들을 얻게 되었고, 자신의 이름을 따서 존 스튜디 2세라고 이름 지었다.

공작새와 콘타비오

Oliver D. Witter, Santa Cruz Mountains.

'낸시'는 '콘타비오'와 결혼했다. 어느 날, 콘타비오는 집을 나서서 시장으로 가기 전에 낸시에게 문을 잠그고 자신이 돌아올 때까지 기다리라고 했다. 그날 그는 돌아오지 않았고, 낸시는 배가 고파서 지나가는 양을 보고 말했다.

"양아, 양아, 콘타비오를 불러다오. 그러면 네 머리에 금덩어리를 던져줄게."

양이 말했다.

"붐, 바아 바아 바아!"

낸시가 말했다.

"아니야, 양아, 그건 안 돼."

곧 그녀는 염소를 보고 같은 말을 했다. 염소가 말했다.

"벳, 벳, 바, 바, 바, 벳-바-바-벳, 바, 바"

그녀가 말했다.

"아니야, 염소야, 그건 안 돼."

그녀는 공작새가 다가오는 것을 보고 말했다.

"공작새야, 만약 내 남편 콘타비오를 불러준다면 금덩어리를 줄게."

공작새는 즉시 날아가 콘타비오를 발견했다. 공작새는 콘타비오를 머리 위에 태워서 집으로 달려왔다. 집으로 달려오는 동안 머리털이 모두 빠져버렸고, 발톱도 모두 떨어져 나갔다.

콘타비오를 집에 데려오자, 낸시는 금덩어리를 공작새의 머리 위로 던져주었다. 그래서 공작새의 머리에 있는 깃털이 금처럼 보이게 되었다. 이 일이 바로 공작새가 발톱이 없는 이유고, 머리에 깃털이 없는 이유이기도 하다.

짖는 강아지

Alfred Williams, Maroon Town, Cock-pit country.

한 늙은 여자가 작은 강아지와 함께 살고 있었다. 매일 밤 한 신사가 그녀를 찾아왔다. 그때마다 강아지가 큰소리로 짖고 달려들어 물어뜯었다. 신사는 돌아가야만 했다. 화가 난 늙은 여자는 강아지를 붙잡아 불에 태워버렸다. 다음 날 밤 다시 신사가 왔다. 늙은 여자가 노래했다.

　　"헤아, 헤아, 신사분,
　　헤아, 오, 헤아,
　　신사분, 아무도 없어요,
　　멋지고 잘생긴 신사분,
　　헤아, 아무도 없어요,
　　강아지는 이제 없어요,
　　멋지고 잘생긴 신사분."

그러자 재가 강아지처럼 짖었다. 놀란 신사는 다시 돌아갔다. 늙은 여자가 일어나 재를 집어 강에 던지며 말했다.

"이 신사가 나를 찾아왔는데 재가 짖어서 못 왔어!"

다음 날 밤, 신사가 다시 찾아왔다. 늙은 여자가 기뻐하며 노래했다,

　　"헤아, 헤아, 신사분,
　　아무도 없어요, 신사분,
　　강아지는 이제 없어요!"

그때 강물에 뿌렸던 강아지 재가 다시 짖었다. 신사는 다시 돌아갔다. 늙은 여자는 강물을 퍼서 바다에 뿌려 신사를 방해하지 못하게 했다. 다음 날 밤 신사가 마지막으로 돌아와서 말했다.

"이제 노래를 부르세요."

늙은 여자가 일어나 노래를 불렀다.

 "헤아, 헤아, 신사분,
 아무도 없어요, 신사분,
 강아지는 이제 없어요!"

늙은 여자가 노래를 부르는 동안 신사는 춤을 추었다. 그는 집으로 들어와 의자를 끌어당겨 앉으며 말했다.

"강아지 소리 때문에 오지 못했어요!"

그리고 말했다,

"나는 당신과 결혼하러 왔어요."

늙은 여자는 청혼을 받아들이고 노래를 했다.

 "헤아, 헤아, 신사분,
 아무도 없어요, 신사분,
 강아지는 이제 없어요!"

그러자 신사가 노파를 붙잡아 조각조각 찢어 버렸다.

사악한 하인

Alfred Williams, Maroon Town.

한 귀족이 하인을 두고 있었는데, 어느 날 그 귀족이 하인에게 말했다.

"콜린, 가서 내 마차의 말고삐를 매어라."

'콜린'은 가서 주인의 말을 고삐에 매고 마차에 태웠다. 주인은 마차를 몰고 가다가 우물에 도착했다. 주인이 말했다.

"물을 마시고 싶구나."

콜린이 말했다,

"주인님, 저기 앞에 우물이 있어요."

주인과 콜린은 마차에서 내려 우물 옆으로 갔다. 주인이 우물가에 앉아 있을 때 콜린이 주인을 우물에 던져버렸다. 콜린은 마차를 돌려 왔던 길을 되돌아갔다. 집에 도착하자 주인 부인이 물었다.

"주인님은 어디에 계시니?"

콜린이 말했다,

"주인님은 방문을 가셨고 내일 돌아오실 거예요. 마차가 주인님을 모시러 갈 거예요."

콜린은 다음 날 하루 종일 마차를 몰고 갔다가 돌아왔다. 그가 돌아오자, 부인이 말했다,

"주인님 어디에 계시니?"

콜린이 말했다.

"또 방문을 가셨고, 내일까지 안 돌아오실 거예요."

콜린이 나가자, 마당에 있던 다른 하인이 말했다.

"마님, 작은 새가 노래하는 소리를 들으셨나요?"

부인이 문가로 가서 들어보니, 작은 새가 휘파람을 불며 노래했다.

"사악한 하인, 사악한 하인,
주인을 우물에 던졌네,
콜린, 콜린, 작은 새가 나무에
앉아 있는 걸 왜 보지 못했니?"

부인은 작은 새가 노래하는 걸 듣고 무슨 뜻인지 이해하지 못했다. 그래서 현명한 사람을 불러 새의 말을 설명하게 했다. 그녀는 우물을 찾아가 주인의 시체를 발견했고, 콜린을 목매달았다.

황금 새장

William Harris, Maggotty.

한 왕에게 딸이 있었다. 그 왕에게는 딸을 싫어하는 두 명의 하인이 있었다. 어느 날 두 하인이 우물에 물을 길으러 갔다. 왕의 딸이 함께 가겠다고 말했다. 두 하인은 작은 소녀를 잡아 우물에 던져버렸다. 3일 후, 작은 소녀는 간신히 우물 밖으로 나왔다. 소녀는 집으로 돌아와서 아버지를 만났다. 아버지는 두 하인을 잡아 우물에 던져버렸다. 왕은 딸을 다시 만났고, 이것이 이야기의 끝이다.

"삐익, 삐익, 삐익, 삐익.
당신에게 소식을 전하러 왔어요.
삐익, 삐익, 삐익, 삐익.
당신에게 소식을 전하러 왔어요.
치치 양이 당신께 알려줄게요,
사랑하는 사람을 우물에 던져버렸어요.
조용히 하세요, 조용히 하세요,
내가 황금 새장을 만들어서 당신을 넣어줄게요.
아니요, 아니요, 아니요, 아니요.
나도 사랑하는 사람에게 같은 일을 할 거야,
당신도 나에게 같은 일을 할 거야."

두 자매

Margaret Morris, Maroon Town, Cock-pit country.

두 자매가 한집에 살고 있었다. 언니의 이름은 '휠'이었고, 동생의 이름은 '그레이스'였다. 동생은 아름다웠다. 언니 휠은 '부샤'라는 상인의 하녀로 일하고 있었다. 어느 날 휠이 부샤에게 자신의 동생과 결혼하라고 빈말로 권했는데, 그 말이 계기가 되어 정말로 두 사람이 결혼했다. 두 사람이 결혼하자 휠은 동생의 하녀가 되었다.

부샤는 일하러 나가면 자정까지 돌아오지 않았다. 부샤가 집에 돌아왔을 때는, 모두가 잠들어 아무 소리도 들리지 않았다. 그러던 어느 날, 부샤가 집을 나간 사이, 휠은 그레이스에게 완두콩을 따러 가자고 말했다. 그래서 두 사람은 바구니를 들고 완두콩을 따러 갔고, 그레이스는 예쁜 아기를 안고 있었다. 그레이스의 예쁜 아기였다. 두 사람이 바다 근처에서 완두콩을 따고 있을 때, 휠은 그레이스에게 옷을 벗으라고 말하고, 그레이스가 옷을 벗자 구멍에 밀어 넣어 죽였다. 휠은 완두콩을 따서 집으로 돌아와 물로 가슴을 씻고 아기를 자신의 품에 안았다. 밤이 되자 아기를 먹였다.

부샤가 자정 무렵 집에 돌아오자, 그녀는 그에게 저녁을 차려주었다. 부샤는 식사를 하면서도 아내가 보이지 않는 것을 이상하게 생각하지 않았다. 그 후 3일이 지나도 그는 아내의 부재를 전혀 알아차리지 못했다. 어느 날 그가 집에 돌아와서 언니에게 동생이 어디 있는지 물었다. 휠이 대답했다.

"걱정하지 마세요, 내 사랑, 그녀를 마을로 보냈어요. 곧 돌아올 거예요."

부샤는 잠이 들었고, 아내가 들어오는 소리를 듣지 못했다. 그러던 어느 날 부샤가 돌아오자, 이웃 중 한 명이 그를 불러 말했다.

"부샤, 당신의 집에서 무슨 일이 일어났는지 듣지 못했나요?"

그는 "아니요"라고 대답했다. 이웃은 그에게 집에서 밤에 찬물도 마셔서는 안 된다고 말하면서, 밤에 무슨 소리가 나는지 들어보라고 했다. 그래서 집으로 간 부샤는 휠이 그에게 준 것을 절대로 받지 않았고, 찬물도 마시지 않았다. 휠이 억지로 주려 했지만, 부샤는 손도 대지 않았다. 부샤는 자정 무렵에 누워 잠든 척했다. 그러나 그는 잠들지 않았다.

그 집에는 '도기'라는 이름의 작은 개가 있었다. 개는 죽은 여자가 오는 것을 보았다. 그녀가 개를 불렀다.

"내 아기를 데려다줘, 내 작은 개야."

"네, 그레이스 양, 아름다운 여인님."

개는 아기를 그녀에게 데려다주었다.

"물 좀 줘, 내 작은 개야."

"네, 그레이스 양, 아름다운 여인님."

"내 그릇을 줘, 내 작은 강아지야."

"네, 그레이스 양, 아름다운 여인님."
"물을 좀 줘, 내 작은 강아지야."
"네, 그레이스 양, 아름다운 여인님."
"내 빗을 다오, 내 작은 강아지."
"네, 그레이스 양, 아름다운 여인님."
"내 아기를 줘, 내 작은 강아지야."
"네, 그레이스 양, 아름다운 여인님."

부샤는 모든 대화를 들었다. 죽은 여자가 말했다.

"오, 괜찮아, 아가!"

그녀는 부시가 아무것도 듣지 않기를 바랬다. 마지막 밤이 왔을 때, 이웃이 그에게 문 앞에 우유 한 통과 뜨거운 물 한 통을 놓고, 시트로 덮어놓으라고 시켰다. 죽은 여자가 와서 같은 말을 했다.

"내 옷을 가져다줘, 내 작은 강아지야."
"네, 그레이스 양, 아름다운 여인님."
"내 아기를 가져다줘, 내 작은 강아지야."
"네, 그레이스 양, 아름다운 여인님."

그녀는 아기를 데려가 침대에 눕혔다. 그리고 뜨거운 물이 담긴 통에 들어갔다가 나와, 흰 시트로 덮인 우유통으로 들어갔다. 부샤가 달려가서 그녀를 꺼내서 시트로 감싸주었다. 그녀가 눈을 뜨고 부샤를 바라봤다. 부샤가 말했다.

"당신, 뭐 하고 있는 거야, 내 사랑?"

죽은 여자가 말했다.

"제 언니가 저를 구멍에 밀어 넣었어요. 그녀가 저를 불러 완두콩을 따라고 하고 저를 밀어 넣었어요."

부샤는 아내의 죽음을 알게 되자, 횔을 붙잡아 석회 가마를 짓고 통에 넣어 언덕 아래로 굴린 후 불에 태웠다.

괴물 아수나

Philipp Brown, Mandeville.

'아수나'는 덩치가 아주 큰 괴물이다. 그것이 당신의 마당에 들어오면 마당을 완전히 꽉 채울 것이다. 어느 날, 한 여자가 아이들을 집에 두고 일을 나갔다. 아수나가 그 집에 매일 찾아왔다. 아이들은 그가 오는 시간을 알고 노래를 부르기 시작했다.

　　　　"손들어라 큰 괴물아,
　　　　림보, 림보, 림보,
　　　　손들어라 큰 괴물아,
　　　　림보, 림보, 림보."

아수나가 와서 작은 아이에게 물었다.
"네 엄마 어디 갔니?"
아이가 말했다.
"빨래하러 갔어요."
아수나가 또 물었다.
"예쁜 작은 아이는 어디 있니?"
아이가 말했다.
"방 안에 있어요."
아수나가 또 물었다.
"집 안에 있는 기니 옥수수는 어디 있니?"

아수나가 이어서 물었다.

"총은 어디 있니?"

아이가 아수나에게 말했다.

"부엌 안에 있어요."

아수나는 부엌을 다 뒤졌지만, 총을 찾지 못했다.

어느 날 엄마가 돌아오자, 아이들이 말했다.

"엄마, 매일 큰 것이 들어오는데 뭔지 모르겠어요."

엄마가 남편에게 말했다.

"당장 가서 낮에 뭐가 들어오는지 확인해 봐요."

남편은 총을 들고 부엌 위의 다락방에 숨었다. 아수나가 오자, 남편은 아수나의 크기에 놀라서 문 뒤로 숨었다. 허탕을 친 아소나가 집을 나가 언덕을 오를 때, 남편은 그의 뒤를 쫓아갔다. 그는 아수나가 골짜기에 도착하자마자 총을 쏘았고, 아소나는 골짜기에 떨어져 목이 부러졌다.

왕은 아수나에 대해 들었지만, 그게 무엇인지 몰랐다. 왕은 누구든지 자신에게 와서 아수나가 무엇인지 말하면 백 파운드를 주겠다고 했다. 작은 소년은 그 말을 듣고 아수나의 가죽을 벗겨왔다. 소년은 왕의 궁궐로 갔지만, 왕의 문 앞에 앉아 있던 노파가 말했다.

"너 같은 작은 꼬마가 어떻게 아수나의 가죽을 가져올 수 있단 말이냐?"

실망한 소년은 집으로 돌아갔다. 왕이 아수나에 대해서 모든 사람에게 물었지만 아무도 몰랐다. 소년에 대해서 들은 왕은 소년을 불렀다. 소년이 아수나의 가죽을 가져가자, 왕이 그것이 무엇인지 물었다. 소년은 가죽을 들어 올리며 말했다.

"네! 이게 아수나 가죽이 아니란 말인가요?"

모두 놀라서 달려 나왔다. 왕은 소년에게 100파운드와 많은 옷을 주었고, 소년에게 궁궐의 일자리를 주었다.

강 건너기

George Barrett, Maroon Town, Cock-pit country.

어느 마을에서 아이들이 학교에 가려면 강을 건너야 했다. 한 노인이 배로 아이들을 강을 건네주었다. 노인은 뱃삯으로 아이들에게 아침 식사 거리를 요구했다. 모든 아이들이 그에게 먹을 것을 주었지만, 한 아이만은 주지 않았다. 그러던 어느 날, 노인은 그 아이에게 무언가를 달라고 했지만, 그 아이는 주지 않았다. 아이가 돌아올 때 강물이 불어났다. 노인은 다른 아이들을 모두 건네주었지만, 그 아이만은 태워주지 않았다. 작은 소년이 노래를 불렀다.

"어머니 갈라모,
 나는 오늘 죽을 거예요!"

노인이 말했다.

"노래 부르지 마!"

소년이 노래를 부를 때마다 물이 조금씩 더 불어났다. 그때 소년의 어머니가 왔다. 노인이 어머니에게 말했다.

"나는 이 아이의 뱃삯으로 2파운드를 받아야겠소."

어머니는 "좋아요."라고 말했고, 노인은 소년을 건네주었다. 그 후로 소년은 매일 그 노인에게 아침 식사를 제공했다.

탐욕스러운 여동생

Philipp Brown, Mandeville.

한 악마가 있었다. 악마는 매일 밤 밖으로 나갔다 들어오곤 왔다. 어느 날 악마가 집에 들어오면서 말했다.
"여보, 신선한 피 냄새가 나!"
아내가 악마에게 대답했다.
"아니에요, 여보. 여기에는 신선한 피가 없어요!"
사실은 그때 아내의 자매들이 그녀를 보러 와있었다. 그래서 아내는 매일 밤 악마가 집에 돌아올 때마다, 그가 들어오기 전에 여동생들을 통에 숨겼던 것이다.

다음 날 아침, 악마는 다시 나가서 강 언덕에 앉아 있었다. 아내는 여동생에게 바나나를 하나 주면서, 언덕에 도착하면 남편이 언덕 위에 앉아 있는 것을 볼 것이며, 악마가 "강을 건널 거요, 부인?"이라고 물어볼 것이라고 했다. 그러면 악마에게 바나나를 주고 "한 명도 건널 수 없어요, 두 명도 건널 수 없어요, 세 명도 건널 수 없어요, 하지만 나는 어머니를 보러 가야 해요."라고 말하라고 했다. 여동생은 아내가 시킨 대로 했고, 악마는 그녀를 지나가게 했다.

어느 날 막내 여동생이 아내를 찾아왔는데, 이 여동생은 탐욕스러웠다. 악마가 밤에 와서 말했어요,
"여보, 밤마다 내가 오면 신선한 피 냄새가 나!"

그러자 아내가 말했다.

"아니에요, 여보!"

아침이 되자 악마는 언덕으로 갔고, 아내는 막내 여동생에게 바나나를 주어 보냈다. 막내 여동생은 언덕으로 가서 악마를 보았다. 악마가 말했다.

"건너갈 거냐?"

작은 소녀는 탐욕스러워서 악마에게 바나나를 주지 않고 말했다.

"아니요, 엄마를 보러 가지 않아요. 한 명도 건널 수 없어요, 두 명도 건널 수 없어요, 세 명도 건널 수 없어요, 나는 엄마를 보러 가지 않아요."

악마는 그녀를 언덕 너머로 잡아끌고 강가로 데려가 죽였다. 그날부터 악마는 바닷가에서 그녀의 머리카락을 뜯어냈다. 그때부터 바다는 이끼로 덮이기 시작했다.

알리모티와 알리민티

Julia Gentle, Santa Cruz Mountains.

한 여자에게 두 딸이 있었다. 죽은 그녀의 여동생에게도 딸이 하나 있었다. 여동생의 딸 이름은 '알리모티'였다. 여자는 어쩔 수 없이 알리모티를 집으로 데려와 딸들과 같이 키웠다. 모두가 알리모티를 사랑했지만, 그녀의 딸들은 아무도 사랑하지 않았다. 그래서 여자는 사자를 찾아가서 알리모티를 죽여 달라고 말했다. 그러자 사자는 여자에게 딸들이 자러 갈 때 알리모티에게 빨간 옷을 입히고 그녀의 딸에게는 파란 옷을 입히라고 말했다. 딸들이 잠자리에 들 때, 여자의 큰 딸이 말했다.

"사촌 알리모티, 당신의 빨간 옷이 맞지 않아요. 나와 바꿔 입어요!"

그리고 그들은 옷을 바꿔 입었다. 그러자 사자는 그 여자의 딸을 죽이고 알리모티를 살려주었다. 그러자 여자는 다시 사자를 찾아가 알리모티는 모두가 사랑하는데, 자신의 딸은 사랑하지 않는다고 말하면서 알리모티를 죽여달라고 말했다. 사자가 말했다.

"오늘 밤 알리모티에게 빨간 옷을 입히고, 네 딸에게 파란 옷을 입혀라. 그러면 내가 오늘 밤 그를 죽이러 올 것이다."

알리모티와 딸은 잠자리에 들면서 다시 옷을 바꿨고, 사자는 여자의 딸을 죽였다. 그녀에게는 이제 아무도 남지 않았다! 그러자 사자가 말했다.

"내일 알리모티를 우리 집 마당으로 보내라. 내가 그를 죽일 것이다."

알리모티가 사자의 집 마당으로 가자, 죽은 어머니가 그에게 우유병을 주면서, 우유를 마당에 뿌리고 도망가라고 알려주었다. 알리모티가 노래했다.

"가엾은 나, 알리모티,
가엾은 알리모티,
내 디키 사니 오-오,
죽은 두 사람을 따라가는 나를 보세요."

그때 사냥꾼 '알리민티'가 그 노래를 들었다. 알리민티가 말했다.

"이건 알리모티의 목소리야!"

알리민티는 사자의 집 마당으로 가서 사자를 죽였다.

물고기 사랑꾼 팀보 림보

Thomas White, Maroon Town.

한 남자가 딸 하나를 두었는데, 그 딸의 이름은 '리디아'였다. 그의 아내가 죽자, 그는 다른 여자와 결혼했다. 새엄마는 몇 명의 아이를 낳았는데, 그녀는 자신의 아이들을 의붓딸보다 더 사랑했다. 새엄마는 의붓딸에게만 일을 시켰다. 그녀는 리디아에게 큰 항아리를 주며 강가로 가서 물을 길어오라고 명령했다. 그 항아리는 리디아의 몸무게보다 더 무거워서 혼자서 들어 올릴 수 없었다. 새엄마는 다른 아이들을 보내 도와주라고 하지 않았다. 리디아가 강가에 도착했을 때, 리디아는 물동이가 너무 무거워서 도와줄 사람이 없다고 슬피 울었다. 그때 강에 있던 잭피쉬가 울음소리를 듣고 다가와 젊은 여자에게 말했다.

"당신이 내 아내가 되어준다면, 당신이 강에 올 때 도와줄게요."

리디아는 잭피쉬와 결혼하기로 동의했다. 리디아는 항아리에 물을 채웠고, 잭피쉬는 그녀를 도와주었다. 그녀는 항아리를 들고 집으로 돌아갔다.

새엄마가 그녀에게 물었다.

"누가 강가에서 항아리를 드는 것을 도와주었느냐?"

리디아는 대답했다.

"아무도 없었어요."

새엄마가 말했다.

"아니야, 분명히 누군가가 있었을 거야!"

리디아가 말했다.

"아니요, 어머니, 저를 도와줄 사람은 아무도 없었어요. 저 혼자서 들어 올렸어요."

어느 날 아침 리디아는 다시 항아리를 들고 강가로 갔다. 새엄마는 아이 중 하나를 보내 리디아를 따라가게 했다. 아이에게 강가에서 항아리를 들어올리는 걸 도와주는 사람이 있는지 지켜보라고 했다. 리디아가 강가에 도착하자, 그녀는 잭피쉬를 부르기 위해 노래를 불렀다. 잭피쉬는 리디아의 목소리를 듣고 물 위로 올라와 그녀를 도와주었다. 그 물고기의 이름은 '팀보 림보'였고, 노래는 이랬다.

"팀보 림보, 팀보 림보, 팀보 림보,
그때 그 소녀 리디아야,
팀보 림보, 팀보 림보,
팀보 림보, 팀보 림보,
그때 그 소녀 리디아야,
팀보 림보, 팀보 림보."

아이는 리디아를 도와주는 잭피쉬를 보고 집으로 돌아가 엄마에게 말했다.

"엄마, 강가에서 리디아를 도와주는 남자 물고기가 있어요."

밤에 남편이 일에서 돌아오자, 아내는 강가에서 리디아를 돕는 큰 잭피쉬가 있다고 말했다.

그러자 남자는 아내에게 말했다.

"내일 아침에 리디아에게 모네고 베이로 가서 검은 후추와 스켈리온을 사오라고 시킵시다."

다음 날 아침, 새엄마는 리디아를 불러 모네고 베이로 보냈다. 리디아는 울기 시작했다. 리디아는 그들이 그날 무슨 일을 할지 알고 있었기 때문이다. 그녀가 집을 나서자, 아버지는 총을 장전하고 아이를 데리고 강가로 갔다. 아이가 노래를 부르기 시작했다. 목소리를 바꾸며 세 번을 불렀다.

"팀보 림보,
그때 그 소녀 리디아야,
팀보 림보 오-오-오!"

물결이 휘돌았고, 잭피쉬가 나왔다. 아버지는 총을 쏘았고, 자크 물고기는 그 자리에서 죽었다. 아버지는 옷을 벗고 물에 뛰어들어 잭피쉬를 잡아 집으로 가져갔다.

그가 물고기를 손질하기 위해 비늘을 긁기 시작하자, 비늘 하나가 2마일이나 날아가서 리디아의 가슴에 떨어졌다. 리디아가 물고기 비늘을 보자, 그것이 팀보 림보의 비늘임을 알았다. 그녀는 울면서 집으로 달려가, 지체하지 않고 항아리를 들고 강으로 가서 노래를 불렀다.

"팀보 림보,
그때 그 소녀 리디아야,
팀보 림보 오-오-오!"

잭피쉬는 올라오지 않았다. 리디아는 다시 노래를 불렀다.

"팀보 림보,

그때 그 소녀 리디아야,
팀보 림보 오-오-오!"
물은 그대로였다. 다시 노래를 불렀다.
"팀보 림보,
그때 그 소녀 리디아야,
팀보 림보 오-오-오!"
그러자 강물이 핏빛으로 변했다. 리디아는 팀보 림보가 물속에 없다는 걸 알게 되자, 물에 뛰어들어 자살했다.

물고기, 물고기, 물고기

Florence Thomlinson, Lacovia.

어머니와 두 딸이 있었다. 딸 중 한 명이 강가로 가서 작은 물고기와 놀았다. 그녀가 노래를 시작하자 물고기가 그녀에게 다가왔다.

"물고기, 물고기, 물고기,
물고기, 펜-게 렝,
강으로 오세요, 펜-게 렝."

그러자 작은 물고기가 그녀에게 다가왔고, 그녀는 물고기를 가지고 놀았다. 그녀가 물고기를 놓아주자, 물고기는 강으로 돌아갔다. 그녀가 집으로 돌아가자, 어머니가 왜 이렇게 늦게 돌아오냐며 화를 냈다.

다음 날, 어머니는 그녀 대신 다른 딸을 강으로 보냈다. 다른 딸은 강으로 가서 언니가 부른 노래를 똑같이 불렀다.

"물고기, 물고기, 물고기,
물고기, 펜겔렝,
강으로 오세요, 펜겔렝."

그녀는 물고기를 잡아서 집으로 가져가 저녁으로 요리하고, 강가에 갔던 첫째 딸을 위해 일부를 남겨뒀다. 다른 딸이 돌아오자, 그녀는 물고기를 먹지 않았다. 왜냐하면 그 물고기가 자신과 놀던 물고기임을 알았기 때문이다. 그녀는 노래를 시작했다,

"물고기, 물고기, 물고기,
물고기, 펜겔렝!"
다른 딸이 말했다,
"하나님 감사합니다, 저는 그 물고기를 먹지 않았어요!"
어머니가 말했다,
"하나님 감사합니다, 저는 그 물고기를 먹지 않았어요!"
그녀가 계속 노래를 부르자, 모든 물고기가 올라와 큰 물고기가 되었다. 그녀는 그 물고기를 잡아 강에 다시 돌려보냈다.

올드 주나

Richard Poiiinger, Claremont, Si. Ann.

한 남자와 한 여자가 외동딸을 두었는데, 그 딸은 그들에게 보물 같은 존재였다. 그 소녀는 한 물고기와 다른 젊은 남자, 두 사람과 동시에 약혼을 했다. 그녀는 보통 오전 10시에 두 사람을 위해 아침을 준비했다. 남자는 집에서 아침을 먹고, 그녀는 물고기의 아침을 담은 접시를 들고 강으로 갔다. 강에 도착하면 그녀는 물고기가 나오도록 노래를 불러야 했다.

"올드 주나씨, 올드 주나씨,
오나 아 다 비나 사,
오나 오나 오나 오나,
당신의 어머니는 도망갔고,
당신의 아버지는 당신을 버렸어요,
당신이 어디에 있는지 모르겠어요!"

그러자 물고기가 와서 노래를 불렀다.

"카이, 카이, 주나,
나는 당신을 알아요!"

물고기는 밖으로 나와 아침 식사를 했다.

이런 일이 며칠 동안 계속되었다. 매일 소녀는 같은 노래를 불렀고, 물고기는 같은 대답을 했다. 약혼자인 젊은 남자는 그 사실을 알고 있었다. 어느 날 아침, 그는 총을 들고 소녀보다 조금 일찍 강으로 갔다. 젊은 남자는 같은 노래를 불렀고, 물고기가 나와 평소처럼 같은 노래를 불렀다. 젊은 남자는 그 물고기를 쏴 죽이고, 집으로 가져가 요리해서 모두가 함께 먹었다. 소녀도 아무것도 모른 채 다른 사람들과 같이 먹었다. 식사가 끝난 후, 그녀는 그 물고기가 바로 자신의 물고기였음을 알게 되었다. 그녀는 그 순간 쓰러져 죽었다.

주긴 스트로우 블루

David. Roach, Lacovia.

어떤 여자가 딸과 여조카를 두고 있었는데, 그 조카는 '주긴 스트로우 블루'라는 남자에게 구혼을 받고 있었다. 그 여자는 딸을 조카보다 더 사랑했고, 항상 조카에게 딸보다 더 많은 일을 시키려고 했다. 어느 날, 그 여자는 조카를 큰 통에 물을 길어오라고 강으로 보냈다. 소녀는 강에 가서 통을 물로 채웠지만, 혼자서 들어 올릴 수 없었다. 강가에는 늙은 마법사가 있었다. 늙은 마법사는 소녀를 도와 통을 들어 올려주면서, 통을 들어준 사람을 절대 말하지 말라고 경고했다. 하지만 소녀가 집에 돌아가자, 이모는 그녀에게 누가 도와주었는지 추궁했고, 소녀는 진실을 말했다. 이모는 늙은 마법사가 화가 나서 밤에 찾아오리라는 것을 알고, 그녀를 철제 상자에 가뒀다. 밤이 깊어지자, 늙은 마법사가 소녀를 찾아왔다. 소녀는 상자 안에서 울었다. 눈물이 열쇠 구멍을 통해 흘러내렸다. 늙은 마법사는 그 눈물을 닦아 먹고 말했다.

"눈물이 이렇게 달콤하다면 고기는 얼마나 달콤할까!"

늙은 마법사는 상자를 부수고 그녀를 꺼냈다.

늙은 마법사는 소녀를 데리고 집으로 갔다. 그의 무릎은 굽어 있었고, 그의 무릎 소리는 음악처럼 들렸다.

"나 쿠-마 노 이어-이 데 니 방
　　　크리' 방 크리' 방."
늙은 마법사가 그녀에게 말했다.
"네 머리카락과 눈은 내 개에게 주고, 네 간은 내 저녁 식사로 먹겠다!"
소녀는 노래를 부르기 시작했다,
　　　"왜, 왜, 왜, 나의 주긴 스트로우 블루,
　　　엄마도 몰라요, 아빠도 몰라요,
　　　이 썩은 것들, 이 냄새 나는 것들,
　　　그러니 나를 굴리 트루 블루로 데려가 주세요,
　　　당신은 나를 다시 보지 못할 거예요."
그 소녀가 사귀는 주긴 스트로우 블루의 어머니도 마녀였다. 그리고 주긴 스트로우 블루의 어머니는 아들을 깨워서 여덟 개의 계란을 주었다. 늙은 마법사는 일곱 개의 머리를 가지고 있었고, 일곱 개의 계란을 가지고 있었기 때문이다. 각각의 계란은 늙은 마법사의 머리 하나를 위한 것이었다. 소년은 늙은 마법사를 추적해서 가서 그를 따라잡았다. 계란 하나를 깨자, 낮이 되었다. 소년은 늙은 마법사의 머리 하나를 잘랐다. 늙은 마법사가 자신의 계란 하나를 깨자, 밤이 되었다. 소년이 다음 계란을 깨자 다시 낮이 밝아졌고, 늙은 마법사가 자신의 계란 하나를 깨자, 밤이 다시 돌아왔다. 이렇게 계속되다가 소년이 일곱 번째 계란을 부수고 늙은 마법사의 일곱 머리를 모두 잘라내서 죽이고, 자기 여자를 구해냈다. 그는 여자와 함께 집으로 돌아가 결혼했다.

마녀와 완두콩 한 알

Thomas White, Maroon Town.

한 남자가 먼저 한 여자와 결혼했고, 그 첫 번째 아내와 사이에서 딸을 낳았다. 첫 번째 아내가 죽자, 그는 다른 여자와 결혼했고, 딸은 그 남자의 두 번째 아내를 새어머니라고 불러야 했다. 새엄마는 딸을 싫어했다. 어느 날 새엄마는 밭에 일하러 갔다. 아침에 완두콩을 씻어 불에 올려놓고 집을 떠났다. 딸은 그 집에서 살지 않고 혼자 다른 집에서 살고 있었다. 딸이 와서 새엄마의 딸을 잡고 머리를 빗겨 주었다. 저녁에 딸이 집으로 돌아가려 할 때 새엄마의 딸이 말했다.

"봐요, 언니, 엄마가 불에 완두콩을 올려놨어요. 한 알만 가져가요."

딸은 냄비를 열고 완두콩 한 알을 꺼내서 가져갔다.

사실 새엄마는 마녀였는데, 밭에서 일하다가 의붓딸이 집에 왔다는 걸 알았다. 마녀는 의붓딸이 완두콩 한 알을 꺼냈다는 것을 알아챘다. 마녀는 호미를 내려놓고 일어나 집으로 돌아갔다. 마녀는 냄비를 내려놓고 모든 완두콩을 그릇에 쏟아냈다. 그리고 모든 완두콩을 하나씩 세기 시작했다. 그리고 아이에게 물었다.

"봐라! 네 언니가 오늘 왔니?"

"아니요, 오늘 절대 안 왔어요!"

"나를 속일 생각하지 말아라. 내가 콩을 보니, 네 언니가 와서 냄비에서 한 알을 꺼내 갔다."

그리고 마녀는 의붓딸을 데리고 강으로 가서 위협했다. 마녀가 말했다.

"오늘 내 완두콩을 먹지 않았으면 너는 익사하지 않을 것이다. 하지만 내 완두콩을 먹었으면 익사할 것이다."

의붓딸은 노래를 불렀다.

"오, 사랑하는 나의 엄마, 나의 엄마,
오, 불쌍한 우리 엄마,
오, 평화를 내려주세요,
오, 내려주세요. 아, 사랑하는 나의 엄마,
평화를 내려주세요,
아, 내려주세요. 아, 내려주세요."

의붓딸에게는 '윌리엄'이라는 이름의 연인이 있었다. 윌리엄의 어머니가 강가에서 그 노래를 듣고 목공소로 사람을 보내 윌리엄에게 그의 연인이 강가에서 슬프게 노래를 부르고 있다고 전했다. 윌리엄은 라임 나무에 올라가 네 개의 라임을 땄다. 그리고 새 둥지에 가서 네 개의 새 알을 가져왔다. 칠면조 둥지에 가서 네 개의 칠면조 알을 가져왔다. 그리고 네 개의 유리구슬을 가져왔다. 그리고 소녀를 불러 그 앞에 세웠다.

윌리엄과 마녀가 강가에서 싸움을 벌였고, 윌리엄이 마녀를 죽였다. 그는 소녀를 데리고 집으로 돌아가 결혼했다.

보센 코너

Martha Roe, Maroon Town, Cock-pit country.

한 여자에게 두 딸이 있었는데, 하나는 자신의 딸이고 다른 하나는 의붓딸이었다. 그래서 그녀는 의붓딸을 잘 대해 주지 않았다. 그들이 물을 길어오는 곳은 나쁜 곳이었고, 늙은 마녀의 땅이었다. 그곳의 이름은 '보센 코너'였다. 어느 날 그녀는 의붓딸을 물을 길으러 보냈다. 의붓딸이 가다 보니 길에 머리만 있는 것이 보였다. 의붓딸은 배에 손을 얹어 공손하게 인사했다. 다시 가다 보니 발 두 개가 서로 교차되어 길에 있었다.

의붓딸이 상냥하게 인사했다.

"안녕하세요, 아저씨."

발이 물었다.

"얘야, 어디 가니?"

의붓딸이 말했다.

"어머니가 보센 코너에서 물을 길어오라고 보냈어요"

발이 말했다.

"계속 가거라, 소녀야. 앞은 좋고 뒤는 나쁘단다."

그녀는 계속 걸어가다가 작은 오두막에 도착해, 한 노파가 앉아 있는 것을 보았다. 그녀가 인사를 했다.

"안녕하세요, 할머니."

노파는 "어디로 가니?"라고 물었다.

"엄마가 보센 코너에 가서 물 좀 가져오라고 보냈어요, 할머니."

노파가 말했다.

"들어오너라. 밤이 늦었으니 위험하다."

노파는 쓰레기 더미에서 뼈 한 조각을 주워서 냄비에 넣고, 쌀 네 알을 넣고 끓이기 시작했다. 고기와 쌀이 가득 끓은 냄비를 소녀에게 저녁으로 주었다. 소녀가 다 먹자, 노파는 그녀를 불러 말했다.

"애야, 여기 와서 내 등 좀 긁어주렴."

그녀가 손을 뻗어 등을 긁자, 등뼈가 소녀의 손을 찢어 피가 났다. 노파가 물었다.

"네 손에 무슨 일이냐?"

소녀가 말했다.

"아무것도 아니에요, 할머니."

소녀는 손에서 피가 흘렀지만, 결코 말하지 않았다. 그녀가 자리에 앉자, 노파는 문밖으로 나가서 늙은 고양이를 데리고 들어왔다. 고양이가 소녀의 무릎에 올라가자, 그녀는 고양이를 안고 어루만지며 친절하게 대했다. 소녀는 잠이 들었고, 아침에 일어나서 떠나려고 했다. 노파가 소녀에게 집 주변을 돌며 계란을 찾아보라고 말했다.

노파는 소녀에게 말했다.

"알이 '나를 가져가라! 나를 가져가라!'라고 말하는 큰 알은 가져가지 말고, 작은 알이 '나를 가져가지 마라!'라고 말하는 것을 네 개 가져가라."

소녀는 노파의 말대로 작은 알 네 개를 가져갔다. 소녀는 노파의 집을 나와 길을 계속 갔다. 한참을 가다 보니 첫 번째 교차로가 나왔다. 소녀는 첫 번째 교차로에서 알을 하나 깼다. 그러자 크고 예쁜 공원이 나타났다. 두 번째 교차로에서 다른 하나를 깨뜨리자, 그 공원은 소와 염소, 양, 그리고 귀족이 소유한 모든 것으로 가득 찼다. 세 번째 교차로에서 또 다른 하나를 깨뜨리자, 멋있는 젊은 귀족이 마차에서 나왔다. 네 번째 교차로에서 마지막 계란을 깨뜨리자, 그 귀족은 왕자였고 그녀와 결혼했다. 소녀는 남편과 함께 집으로 돌아갔다.

의붓딸은 남편과 함께 마당에 들어와 새엄마를 만났다. 새엄마는 마녀가 의붓딸을 죽였을 것이라고 생각했기 때문에 깜짝 놀랐다. 그래서 새엄마는 자신의 딸에게도 보센 코너에 가서 물을 가져오라고 했다. 새엄마는 딸에게 재물을 가져오라고 했고, 그녀도 부자가 되어야 한다고 말했다.

새엄마의 딸은 호리병박을 들고 물을 길러 갔다. 가다가 머리를 만나서 말했다.

"아이-씨! 내 생애에 머리만 있는 것을 본 적이 없어!"

머리가 말했다.

"계속 가라, 소녀야! 더 나은 날이 있을 거야."

새엄마의 딸은 발을 만나서 말했다.

"에! 엄마가 물 길으러 보냈는데, 모든 종류의 괴물과 벌레를 만나고 말았어!"

발이 말했다.

"가라, 소녀야! 더 나은 날이 있을 거야."

새엄마의 딸은 노파의 집으로 갔다. 그녀는 노파가 지저분한 뼈를 가져다가 냄비에 넣는 것을 보고 말했다.

"할망구, 오늘 저녁에 그 뼈를 삶아서 내게 주려고 했어?"

그리고 노파가 네 알의 쌀을 넣는 것을 보고 말했다.

"고작 네 알의 쌀이 냄비에 들어간 건 처음 보네!"

냄비는 끓어서 쌀과 고기로 가득 찼다. 늙은 여자는 자신의 저녁을 나누어 주었다. 그리고 노파는 고양이를 데리고 왔다. 고양이가 쌀을 조금 달라고 하자, 새엄마의 딸은 고양이를 들어 문밖으로 던져버렸다.

노파가 새엄마의 딸에게도 등을 긁어달라 부탁했다. 손에서 피가 나자, 새엄마의 딸은 손을 빼면서 말했다.

"등을 긁다가 손을 베다니! 이런 건 본 적이 없어!"

다음 날 아침, 노파가 그녀에게 집 뒤쪽에 가서 계란을 가져가라고 말했다.

집 뒤쪽에 가자 큰 계란이 말했다.

"나를 가져가! 나를 가져가!"

작은 계란도 말했다.

"나를 가져가지 마! 나를 가져가지 마!"

새엄마의 딸은 큰 계란 네 개를 가져갔다. 첫 번째 교차로에서 하나를 깨뜨리자 뱀이 가득 나왔다. 두 번째 교차로에서 또 하나를 깨뜨리자, 곤충이 가득 나왔다. 마지막 교차로에서 하나를 깨뜨리자, 큰 마녀가 나타나 그녀를 찢어 죽여 길에 버렸다.

소년과 마녀

Thomas White, Maroon Town.

옛날에 한 젊은이와 그의 형제가 있었다. 두 사람은 소를 키우는 농장에서 자랐다. 그들은 매일 아침 소를 방목하기 위해 아침 식사와 불을 준비해 갔다. 어느 날 아침, 그들은 음식을 가져갔지만 불을 가져가지 않았다. 그들은 소를 몰아 12시까지 일했고, 동생이 배가 고파졌다.

동생이 말했다.

"형, 배고파! 어떻게 불을 구할까?"

그들이 언덕 쪽을 바라보았더니, 그곳에서 연기가 나고 있었다. 동생이 불을 구하러 갔다. 동생이 언덕 위로 올라가 보니 큰 집의 문이 열려있는 것이 보였다. 열린 부엌에 여자가 있었고, 그녀는 늙은 마녀였다. 동생은 무서워서 돌아왔다. 그래서 이제 형이 갔다. 형의 이름은 '윌리엄'이었다. 그는 언덕에 올라가서 큰 마른나무 뒤에 서서, 늙은 마녀가 무엇을 하는지 보았다. 늙은 마녀는 불 위에 냄비를 올려놓았다가, 냄비에 들어 음식을 모든 그릇에 담았다. 윌리엄이 보니 부엌에는 아이들이 없고, 오직 늙은 마녀만 있었다. 늙은 마녀는 한쪽 옆구리를 툭, 툭, 툭 두드렸다. 그러자 사람들이 마녀의 몸에서 나왔다. 성인 남자 20명과 작은 아이들, 여자와 어린 남자아이들이었다. 그들은 모두 앉아서 먹었다. 다 먹고 나자, 담배를 피우는 사람들은 담배를 피웠다. 그리고 늙은 마녀가 일어나서 옆구리를 툭툭 두드렸다, 그러자 사람들이 모두 마녀의 몸속으로 다시 들어갔다.

윌리엄이 마녀를 불렀다.

"안녕하세요, 할머니!"

마녀는 놀라서 그가 그곳에 오래 있었는지 물었다. 윌리엄이 대답했다.

"아니요, 저는 불을 빌리러 왔어요."

마녀가 말했다.

"불은 가져가라. 하지만 불쏘시개 나무는 가져갈 수 없다."

그러자 윌리엄은 돌아서서 썩은 나무 조각을 하나 떼어내어 나무 조각에 불을 붙였다.

그러자 마녀가 그에게 말했다.

"소년아, 너는 나만큼이나 똑똑하구나!"

윌리엄이 말했다.

"아니요, 할머니, 저는 그렇게 똑똑하지 않아요!"

윌리엄은 언덕을 내려가 소들이 있는 곳으로 갔다. 윌리엄은 소를 몰고 가는 동안 동생에게 불을 피우지 말고 소를 몰아서 빨리 집으로 가라고 말했다.

사실은 윌리엄도 마법사였고, 그는 자신에게 닥칠 일을 모두 알고 있었다. 그는 집으로 돌아가자, 집 안으로 들어가 병을 앓는 척했다. 그리고 얼마 지나지 않아 늙은 마녀가 그들의 집으로 왔다. 그녀는 마당으로 들어가서 말했다.

"누구든지 내 머리에 쓴 모자를 벗겨내면, 그 사람을 남편으로 삼겠다."

동생이 모자를 벗기려고 했지만, 못 벗겼다. 늙은 마녀는 윌리엄의 어머니에게 더 큰아들이 없냐고 물었다. 어머니가 말했다.

"있어요. 하지만 그는 열이 나서 침대에서 나올 수 없어요."

그러나 늙은 마녀는 윌리엄이 나올 때까지 물러서지 않았다. 결국 윌리엄이 나왔다. 그는 작은 쓰레기를 주워서 마녀의 모자를 벗겼다. 늙은 마녀가 말했다.

"너야! 네가 내 남편이야."

마녀는 그날 밤 윌리엄의 집에서 자고 다음 날 아침 윌리엄과 같이 떠나겠다고 했다. 밤이 되자 윌리엄과 마녀가 침대에 누웠다. 한밤중에 윌리엄이 깊은 잠에 빠지자, 마녀는 칼을 들어 윌리엄의 목을 자르려고 했다. 윌리엄에게는 세 마리의 개가 있었는데, 이름은 블룸-블룸, 신데, 디도였다. 마녀가 칼을 들자 블룸-블룸이 으르렁댔다. 칼의 날이 무뎌졌다. 윌리엄이 깨어났다가 다시 잠들었다. 마녀가 일어나서 노래 불렀다.

"날카로워져라 내 칼아,
날카로워져라 내 칼아,
샤르컴 슈위, 쇼 암 슈웰!"

신데가 으르렁대자 칼이 무뎌졌다. 윌리엄이 다시 잠들었다. 마녀가 다시 일어나자, 디도가 으르렁댔다. 칼이 다시 무너졌다.

날이 밝자, 윌리엄의 어머니가 일어나 커피를 끓이고 그들에게 초콜릿을 주었다. 윌리엄과 아내는 이제 떠나며, 어머니에게 그들이 가진 세 마리 개들 블룸-블룸, 신데, 디도를 묶어놓으라고 말했다. 그리고 윌리엄은 흰색의 큰 그릇을 가져와 홀 중앙에 놓았다. 그리고 어머니에게 그릇이 피로 끓어오르면 개들을 풀어주어야 한다고 말했다. 그리고 윌리엄은 작별 인사를 하고 마녀의 나라로 떠났다. 그들은 계속해서 가다가 어느 넓은 평원에 도착했다. 마녀가 유리 구슬을 멀리 던졌다. 구슬이 멈춘 곳에 사과나무가 자랐다. 가지 끝에는 사과 하나가 달려 있었다. 마녀가 말했다.

"사랑하는 윌리엄, 이 나무에 올라가 사과를 따주겠니?"

윌리엄이 사과나무에 올라가자, 마녀가 말했다,

"하하! 이제야 너를 잡았다! 그날 내 집에서 내가 몸을 두드리니까 사람들이 내 몸에서 나오는 것을 보았지? 너는 오늘 나에게 말해야 한다."

윌리엄이 말했다.

"그래, 그건 오래전에 알았어. 왜냐하면 오늘은 '쇠가 쇠를 자르는 날'이니까!"

왜냐하면 그는 종종 아버지와 함께 숲으로 가서, 아버지가 싱싱한 나무를 베고 마른나무를 남겨두는 것을 보았기 때문이다. 마녀가 윌리엄을 사과나무에 매달아 둔 채, 몸을 두드려 열 개의 도끼와 열 명의 도끼꾼을 나오게 했다. 도끼꾼들이 도끼질을 해 나무가 쓰러지려 하자, 윌리엄이 노래를 불렀다.

　　　"블럼-블럼, 신-데, 디-도,
　　　디-이-이-이-이-이,
　　　블럼-블럼, 신-데, 디-도."

그러자 늙은 마녀도 노래를 불렀다,

　　　"친, 팔라, 팔라, 친, 팔라, 팔라,
　　　친, 팔라, 팔라, 친."

나무가 쓰러지려 할 때 윌리엄이 말했다,

"나를 들어 올려라, 착한 나무야! 내 아버지가 여러 번 싱싱한 나무를 베고 마른나무를 남겨두셨다."

마녀는 20명의 도끼꾼을 불러냈고, 30명의 도끼꾼을 불러냈다. 윌리엄이 노래했다.

　　　"블럼-블럼, 신데, 디도,
　　　움 움 에 오,
　　　블럼-블럼, 신데, 디도!"

늙은 마녀도 노래했다,

　　　"친 팔라 팔라, 친 팔라 팔라."

나무가 쓰러지려 할 때, 윌리엄이 말했다.

"나를 지탱해라, 착한 나무야, 내 아버지는 싱싱한 나무를 여러 번 베고 마른나무는 남겨두셨다."

마녀는 또 20명의 도끼꾼을 불러냈고, 30명의 도끼꾼을 불러냈다.

　　　"블럼-블럼, 신데, 디도-오-오!"

"친 팔라 팔라, 친 팔라 팔라."

월리엄이 나무에 있는 동안, 흰 그릇이 피로 끓어올랐다. 월리엄의 어머니는 귀머거리였다. 이웃이 찾아와 월리엄의 어머니와 하루 종일 이야기를 나눴다. 그녀는 그릇이 끓는 소리를 듣지 못했다. 그릇이 계속 끓어오르자, 피가 넘쳐흘렀다. 피가 부엌에서 이야기하던 늙은 어머니의 옷에 쏟아졌다. 늙은 어머니는 뜨거운 피를 보자, 블룸-블룸과 신데의 사슬을 잘랐다. 디도도 사슬을 직접 잘랐고, 세 마리 개는 뛰쳐나갔다. 월리엄이 나무 위에서 세 마리 개가 오는 것을 보자 그는 손을 흔들었고, 세 마리 개는 나무 아래로 왔다. 세 마리 개는 늙은 마녀가 나무 주변에 40명의 도끼꾼을 모을 때까지 기다렸다. 나무가 넘어가려는 순간, 세 마리 개는 도끼꾼들을 모두 물어 죽이고, 늙은 마녀도 죽였다.

월리엄은 나무에서 내려와 마체테를 들고 마녀의 시체를 조각내 온 땅에 흩어놓았다. 그래서 어디를 가도 잡초들을 볼 수 있는데, 그것은 바로 마녀의 조각들인 것이다.

루시와 쟈넷

Martha Roe, Harmony Hall, Cock-pit country.

한 여자에게 두 딸이 있었다. 두 딸의 이름은 '루시'와 '쟈넷'이었다. 여자는 딸들을 멀리 떨어진 학교에 보냈다. 그 길가에 마녀가 살고 있었다. 여자는 세 마리의 개를 키웠는데, 한 마리의 이름은 '디크', 다른 한 마리의 이름은 '댄디', 또 다른 한 마리의 이름은 '벨라모'였다. 어느 8월에 루시는 학교에서 집으로 돌아가 어머니와 시간을 보내기 위해 길을 나섰고, 어머니는 개들을 보내 루시를 집으로 데려오라고 했다. 루시는 자신과 개들의 아침 식사를 모두 함께 준비했다. 루시는 친절했다. 루시가 아침 식사를 가져왔을 때, 그녀와 세 마리 개들은 함께 먹었다. 그녀는 그들을 개로 생각하지 않고 친구로 생각했다. 루시가 중간쯤 오고 있을 때, 세 마리의 개들은 뒤에서 멈춰있었다. 그때 큰 흑마법사가 나와 루시를 죽이려고 했다. 그때, 개들은 그녀로부터 멀리 떨어져 있었다. 루시가 개들을 불렀다.

"도와줘! 벨라모, 딕, 댄디!,
도와줘! 벨라모, 요!"

세 마리 개들이 달려들어 흑마법사를 공격해 죽였다. 8월 내내 루시가 학교에서 올 때마다 그 개들은 그녀를 엄마에게 데려다주었고, 그중 한 마리가 그녀를 학교로 데려갔다.

크리스마스 때, 쟈넷이 학교에 갔다. 개들이 쟈넷을 집으로 데려오기 위해 갔다. 개들이 도착하자 자넷이 화를 내며 말했다.

"너희들 왜 이렇게 오래 걸렸어?"

그녀가 아침을 먹으려고 할 때, 그녀는 자기가 먼저 아침을 먹고 남은 것을 세 마리 개들에게 주었다. 그녀가 집으로 돌아올 때 개들은 평소처럼 뒤에서 따라왔다. 그때 흑마법사가 나타났다. 자넷이 개들을 거칠게 불렀다.

"야! 벨라모, 딕, 댄디!,

야! 벨라모, 야!"

개들은 오지 않았다. 그리고 늙은 흑마법사는 그 소녀의 나쁜 행실 때문에 그녀를 죽였다. 예의 없는 젊은이들이 많다.

"돈이 있어도 예의가 없으면 섬을 돌아다니지 못한다."3)

---

3) 자메이카의 오래된 격언

앤드루와 그의 누이들

Thomas White, Maroon Town.

한 여자에게 세 딸과 아들이 있었는데, 그 아들은 '야지 소년'4)이었다. 세 자매의 이름은 '마담 샐리', '마담 퀸 앤', '마담 팬니'였고, 아들의 이름은 '앤드루'였다. 세 자매는 남동생을 무시했다. 어느 날 그녀들은 친구를 만나러 여행을 가기로 했다. 그녀들은 빵을 굽고, 아침에 어머니에게 인사를 하고, 아버지에게 인사를 했지만, 야지 소년 앤드루에게는 말 한마디 하지 않았다. 그들은 하루 종일 여행하다가 날이 저물었다. 그들은 커다란 하얀 집을 발견하고 들어가서 밤을 보내기 위해 하룻밤 묵어갈 것을 청했다. 집의 여주인이 허락했고, 그들은 그 집에서 잠을 자게 되었다. 그 집은 늙은 마녀의 집이었다. 늙은 마녀는 저녁을 요리해 주고, 잠자리에 들 때 편안한 침대를 제공했다. 늙은 마녀가 그들을 끌어당겼고, 그들은 잠에 빠졌다.

야지 소년 앤드루는 반 마법사였다. 그는 누나들이 밤에 무엇을 만나게 될지 알고 있었다. 그래서 그는 누나들을 하루 종일 따라갔고, 밤이 되어 누나들이 잠자리에 들자, 늙은 마녀의 집 아래에 숨어 있었다. 그리고 그 늙은 마녀는 집

---

4) 프람보에시아(Framboesia) 환자. 서인도 제도의 젊은 흑인들에게 흔한 전염성 피부 질환. 예전에 서인도 제도에서 프람보에시아 환자를 야지 보이(Yawzy boy)라 불렀다.

안에 걸려있는 세 개의 구리 조각을 가지고 있었다. 한밤중에 소녀들이 잠들어 있을 때, 마녀는 소녀 중 한 명을 죽이려고 했다. 그가 소녀의 목을 잡아서 자르려고 할 때, 야지 소년 앤드루가 노래를 했다.

"야지 보이, 야지 보이,
야지 보이, 야지 보이,
일어나라, 마담 팬니,
일어나라, 마담 샐리,
너도 일어나라, 마담 퀸 앤,
내 이름은 앤드루, 내 이름은 앤드루,
내 이름은 앤…"

그가 노래를 부르자, 칼이 무뎌졌다. 마녀가 말했다.
"이런, 아이야, 너는 어디서 왔니?"
앤드루가 말했다.
"안녕하세요, 나나! 저는 제 누이들을 따라 여기 왔어요. 하지만 저는 야지에 걸렸고, 야지가 저를 물었을 때 제 어머니가 소를 죽이고 피를 가져다가 저를 씻겼어요."
마녀는 소를 죽이고 피를 가져다가 소년을 씻겼다. 소년은 잠들었다. 그래서 마녀는 마담 퀸 앤을 잡아 그의 목을 자르려고 했다. 소년 앤드루가 다시 노래를 불렀다,

"야지 보이, 야지 보이, 내 이름은,
내 이름은 앤드루야,
일어나, 마담 팬니,
일어나, 마담 퀸 앤,

일어나, 마담 샐리,
　　　내 이름은,
　　　내 이름은 앤드루야, 내 이름은 앤드루야."
늙은 마녀의 칼이 무뎌졌다. 늙은 마녀가 말했다,
"애야, 너는 어디서 왔어? 왜 나를 이렇게 괴롭히니?"
소년이 말했다,
"안녕하세요, 나나! 나를 집에 보내려면, 내가 야지에게 물렸으니, 당신이 가진 가장 큰 돼지를 죽여서 그 피로 나를 씻어줘요."

그래서 늙은 마녀는 돼지를 죽여서 그 피로 소년을 씻겨줬다. 소년은 침대에 가서 잠들었다. 날이 빨리 밝아왔다. 늙은 마녀는 소녀를 잡아먹고 싶어 미칠 지경이었다. 마녀는 앤드루가 잠들었다고 생각했지만, 그는 잠들지 않았.

결국 늙은 마녀는 기회를 보다가 방으로 들어가 마담 팬니의 목을 잡고 자르려고 했다. 그때 또 노랫소리가 들렸다.
　　　"야지 보이, 야지 보이,
　　　내 이름은 앤드루, 내 이름은 앤드루,
　　　일어나, 마담 팬니,
　　　일어나, 마담 퀸 앤,
　　　일어나, 마담 샐리,
　　　내 이름은 앤드루,
　　　내 이름은 앤드루야, 내 이름은 앤드루."
소년이 뛰어나와 말했다.
"안녕하세요, 나나! 야지가 나를 물어서 잠을 못 자겠어요. 나나, 나를 집에 보내려면 당신이 가지고 있는 가장 큰 양을 잡아 그 피로 나를 씻어주세요."

그때, 늙은 마녀의 구리 냄비가 불 위에서 팔팔 끓고 있었다. 앤드루는 늙은 마녀를 붙잡아 그를 구리 냄비에 밀어 넣어 죽였다. 앤드루는 늙은 마녀의 집에 갇혀 있던 세 누나를 구출했다. 그리고 이제 늙은 마녀의 재산은 자기 것이라고 말했다. 그는 어머니와 아버지를 불러왔고, 늙은 마녀의 모든 재산을 가지고 그곳에서 살았다. 그는 스스로 남자가 되었다.

사냥꾼으로 변한 황소

George Barret, Maroon Town, Cock-pit country.

'데히'는 큰 도시에서 사는 노인이었는데, 그는 매일 밖에 나가 황소를 사냥했다. 그는 황소들이 연못에 물을 마시러 오는 것을 보면, 한 마리를 쏘아 잡았다. 다른 황소들이 그를 죽이려고 따라오면, 그는 "치!"라고 외치며 돌로 변했다. 그러면 황소들은 그가 보이지 않게 되어 돌아가야 했다.

노인은 잡은 황소 고기를 조각내어 집으로 가져갔다. 다음날 그는 다시 돌아와 황소들이 물을 마시러 올 때까지 기다렸다가, 마지막 황소가 나올 때 총을 쏴서 잡았다. 이런 일이 매일 반복되었다.

결국 황소가 한 마리만 남게 되었다. 노인은 여러 날을 그 소를 쫓아갔지만, 잡지 못했다. 시간이 흘러 노인은 죽고, 그의 아내와 딸만 남았다. 딸은 이제 성숙한 여자가 되었다. 황소는 사람으로 변신했다. 황소는 재단사에게 가서 옷 한 벌과 신발 한 켤레를 만들어 달라고 하고, 아침 10시경에 딸의 집으로 갔다. 딸이 말했다.

"여기 살기 시작한 이래로 남자가 한 번도 오지 않았는데, 저 사람이 내 남편이에요!"

딸은 황소와 결혼했다. 황소는 자신은 소고기는 먹지 않고, 다른 것은 뭐든지 먹는다고 말했다. 딸은 남편과 이야기하다 아버지 이야기를 했다.

"아버지는 연못으로 가서 황소를 쏜 후, '치!'라고 말하고 돌로 변했어요."

다른 방에 있던 어머니가 말했다.

"남편을 얻자마자 속내 이야기를 다 해준단 말이냐? 말을 아껴라!"

다음 날 그들은 길을 떠났다. 딸은 남편과 함께 어떤 장소에 도착했다. 그곳은 황소가 자신의 가죽을 숨겨놓은 곳이었다. 남편이 딸에게 말했다.

"여기 앉아서 조금만 기다려요."

그래서 딸은 그곳에 앉아 있었는데, 막대기 부러지는 소리를 들었다. 그녀가 돌아보니 황소가 그녀에게 달려오고 있었다. 딸은 황소를 밀치고 "치!"라고 외치며 마른 쓰레기로 변했다. 그러자 황소는 그녀가 변신한 쓰레기를 모두 긁어모아 가루로 만들었다. 딸이 "치!"라고 외치자, 나무로 변했다. 황소는 나무를 발로 차서 껍질을 모두 벗겼다. 소녀가 "치!"라고 외치자, 바늘로 변해 황소 꼬리에 달라붙었다. 황소가 꼬리를 흔들자, 바늘은 날아가서 나뭇잎 위에 떨어졌다. 황소는 바늘을 찾지 못하고 떠나버렸다. 황소가 멀리 가자, 딸은 "치!"라고 외치고 다시 사람으로 변했다. 그리고 집으로 달려가서 소리쳤다.

"엄마, 문을 열어요!"

어머니가 말했다.

"내가 뭐라고 했어? 말을 아끼라고 했지? 남편을 얻자마자 속내 이야기를 다 해준단 말이냐?"

여자로 변한 소

Elizabeth Hilton, Harmony Hall, Cock-pit country.

한 여자에게 아들이 하나 있었다. 아들은 사냥꾼이 되었다. 어머니는 걱정과 눈물로 가득 차서 말했다.
"좋은 직업이 아니야, 숲에서 죽을 수도 있잖아."
어느 날, 아들은 사냥하러 나가서, 두세 달 동안 돌아오지 않았다. 그가 사냥을 하는 곳에는 야생 소만 있었다. 소들이 너무 난폭해서, 그는 막대기와 돌로 변해 소들 사이에서 숨어 살아야 했다.
어느 날 아들은 사냥을 나갔다가 아름다운 젊은 여자를 보았다. 소 중 하나가 아름다운 젊은 여자로 변한 것이었다. 그는 그녀와 결혼해 집으로 데려갔다. 밤에 침대에 누우니 아내가 물었다.
"어떻게 그 야생 소들 사이에서 살아남았어요? 다른 사냥꾼들은 돌아오지 못했는데요?"
아들이 대답했다.
"사랑하는 아내여, 소가 나를 공격할 때 나는 막대기로 변신해요. 그들은 계속 나를 공격하면, 나는 돌로 변신해 모든 것을 피해요."
어머니가 그를 불러 말했다.
"아들아, 너는 이상한 여자와 결혼했구나. 왜 모든 비밀을

다 말했니? 일부는 말하고 일부는 숨겨라!"

  그가 말하지 않은 단 한 가지가 있었는데, 그것은 그가 무언가로 변신할 때 소의 꼬리에 매달리면 소가 그를 찾지 못한다는 것이었다. 아내는 소로 변신해 소의 나라로 돌아갔다. 다음에 그가 숲으로 돌아가자, 그가 무엇으로 변신하든, 모든 소가 그를 공격했다. 그가 탈출할 수 있었던 유일한 방법은 소꼬리에 매달리는 것이었다.

뱀 신랑

Richard Morgan, Santa Cruz Mountains.

'데르'는 아름다운 여자였다. 모든 남자가 그녀에게 구혼했지만, 그녀는 그들을 거들떠보지도 않았다. 그러던 어느 날, 그녀는 검은 옷을 입은 멋진 남자를 보았다. 그녀가 어머니에게 말했다,

"오 어머니, 이 사람이 제 구혼자예요!"

그녀는 그 남자를 집으로 데려갔다. 남자는 아침 식사도, 저녁 식사도 하지 않고 날달걀만 먹었다. 데르에게는 '콜린'이라는 남동생이 있었다. 그녀는 항상 남동생을 무시했다. 남동생이 그녀에게 말했다.

"누나, 누나가 결혼하려는 그 남자는 뱀이야."

그녀가 말했다.

"애야, 뱀이 사람으로 변한다는 이야기를 들어본 적 있니?"

콜린이 말했다.

"알겠어! 누나가 결혼하는 날, 나는 숲으로 가서 새 사냥이나 할거야."

결혼식 날, 결혼식이 끝나자 남자는 아내를 데리고 갔다. 남자가 입고 있는 결혼식 예복은 모두 빌린 것이었다. 그래서 집으로 돌아가는 길에 남자는 곳곳에서 빌린 것들을 돌려줬다.

그는 가는 곳마다 빌린 물건을 하나씩 벗었다. 마침내 집에서 도착해서 마지막 조각을 벗자, 그는 보아뱀이었다!

그는 아내와 함께 숲으로 가서 동굴로 들어갔다. 그는 아내를 앉히고, 노란 뱀으로 변해 아내의 무릎에 앉아 머리를 그녀의 코에 대고 피를 빨아 죽이려고 했다. 여자는 노래를 불렀다.

"콜린아, 콜린아,
내 동생아, 나에게 와다오!"

뱀이 말했다.

"음 흠, 흠 헤,
네가 원하는 멋진 남자,
그 멋진 남자가 너를 죽일 거야."

여자가 다시 노래했다,

"콜린아, 콜린아,
내 동생아, 나에게 와다오!"

뱀이 말했다.

"음 흠, 흠 헤,
네가 원하는 멋진 남자,
그 멋진 남자가 너를 죽일 거야."

콜린이 누나의 노랫소리를 듣고 말했다.

"누가 내 이름을 이 숲속에서 부르고 있나?"

그리고 그는 총을 들고 빠르게 걸어갔다. 그가 동굴에 도착했을 때, 뱀의 머리가 여자의 코에 거의 닿아있었다. 콜린은 총으로 뱀을 쏘아 죽이고 누나를 구출했다. 그 후로 그녀는 절대로 남동생을 무시하지 않았다. 남동생이 그녀의 목숨을 구했기 때문이다.

노란 뱀 신랑

Matilda Hall, Harmony Hall, Cock-pit country.

한 여자가 딸을 낳았는데, 어머니와 아버지에게 매우 사랑스러운 딸이었다. 그녀가 성인이 되자, 한 젊은 남자가 구혼을 하기 위해 그녀를 찾아왔다. 그녀는 그를 좋아하지 않았다. 또 다른 젊은 남자가 왔지만, 그녀는 그도 마음에 들지 않았다. 어느 날 잘생긴 젊은 남자가 집 마당에 왔다. 그가 오자 그녀는 그에게 매우 만족스러워하며 말했다.

"저 사람이 내 사랑하는 사람이에요! 그를 정말 좋아해요!"

그녀에게 온 그 남자는 사실 노란 뱀이었다. 그러나 부모님은 딸이 남자를 선택한 사실을 기뻐하며 뱀과 딸을 결혼시켰다. 결혼 날이 되었다. 모든 식이 끝나고 신랑이 신부를 집으로 데려갔다. 신랑의 집은 야생 숲속에 있었다. 그가 집으로 가는 길의 중간에 이르자, 그가 입은 옷이 떨어지기 시작했다. 바지가 떨어지고, 셔츠가 떨어지고, 재킷이 떨어졌다. 그는 구멍으로 들어가 머리를 내밀었다. 그는 아내를 쓰러뜨려 다리부터 삼키기 시작했다. 허리까지 삼키자, 더 이상 삼킬 수가 없었다. 노란 뱀이 노래를 시작했다,

"워라 워라, 내가 너를 삼키겠다,
워라 워라, 내가 너를 삼키겠다,
네 엄마가 너를 찾을 때까지 삼키겠다!"

그러자 여자가 노래를 불렀다,
> "나는 사냥꾼 오빠들을 부르고 있어요,
> 해리, 톰, 존!
> 나는 사냥꾼 형제들을 부르고 있어요,
> 해리, 톰, 존!
> 노란 뱀이 나를 삼키려고 해요,
> 그래서 엄마가 나를 찾을 수 없어요!"

형제들은 사냥꾼이었다. 오빠들은 여동생의 울음소리를 듣고 달려왔다. 그들은 뱀을 죽이고 여동생을 구해내며 말했다.

"그래, 이제 알았겠지! 고르는 건 좋지 않아. 네가 고르지 않았다면, 넌 노란 뱀과 결혼하지 않았을 거야. 그 뱀은 너를 죽이려고 했어."

신부를 삼킨 뱀

William. Forbes, Dry River, Cock-pit country.

한 여자에게 딸이 하나 있었다. 모든 젊은 남자들이 딸에게 구혼을 왔지만, 딸은 아무도 마음에 들어 하지 않았다. 그러던 중 한 뱀이 인간으로 변해 어깨에 견장을 달고, 잘 차려입고 나타나 그 소녀에게 결혼을 청했다. 그러자 딸이 말했다.

"당신이 바로 내가 원하는 남자예요!"

그러자 부모는 바로 그날 밤 그 남자에게 딸을 넘겨주었다. 밤중에 딸이 침대에서 노래를 불렀다.

"나 나 나 나!"

뱀이 노래했다.

"음 음 도, 콤 고 옌!"
"나, 나, 나, 나, 콤 고 옌,
나, 나, 나, 나, 나, 콤 고 옌,
나, 나, 나, 나, 나, 콤 고 옌."
"음 음 도, 콤 고 예리"

뱀은 밤새도록 노래를 부르고 그녀를 삼키려고 했다. 어머니가 차를 가져오자, 아버지가 일어나 마시며 말했다,

"젊은이들은 어디에 있나? 일어나라고 해요!"

어머니가 말했다,

"젊은이들이니, 쉬게 두세요!"

아버지가 문을 밀고 들어가 보려 하자, 뱀은 딸을 삼켰다.

악마 남편

William Forbes, Dry River, Cock-pit country.

두 자매가 있었다. 그녀들에게는 야지 보이인 남동생이 하나 있었는데, 두 자매는 남동생에 대해서 신경을 쓰지 않았다. 그들은 아버지도 어머니도 없었다. 어느 날 한 남자가 두 자매를 데려가려고 마당으로 왔다. 그 남자는 두 자매를 배에 태워 집으로 데려갔다. 야지 소년은 바퀴벌레로 변해 배에 들어갔다. 집에 도착하자 하녀가 두 소녀에게 말했다.

"왜 그 남자를 따라 여기 왔니? 그는 악마야!"

악마는 하녀에게 그들을 잘 먹이라고 말했고, 소년은 배에서 나왔다.

집 마당에 큰 닭이 있었는데, 하녀가 말했다.

"당신들을 배에 태워 집으로 보내줄게요."

하녀가 옥수수자루를 닭에게 던져주며 말했다.

"닭이 옥수수를 다 먹을 때 쯤이면, 배가 집에 도착할 거에요."

배가 출발했고, 닭이 옥수수를 먹기 시작했다.

"호크 칼루크 쿤 카 터른 스와로우!
호크 칼루크 쿤 카 터른 스와로우!"

옥수수를 다 먹고 나서 닭이 날개를 쳤다. 바프 바프 바프 바프! 날개를 치고 나서, 닭이 울었다.

"코 코 리 코!
주인님의 아름다운 아내가 갔어!"

악마가 듣지 못하자 다시 울었다.

"코 코 리 코!
주인님의 아름다운 아내가 갔어!"

이번에는 악마가 들었고, 닭 소리를 듣자마자 달려왔다.

"진-게-레이, 그들을 데리고 달려와라,
진-게-레이, 그들을 데리고 함께 뛰어와라,
진-게-레이, 그들을 데리고 함께 빨리 걸어와라!"

그런데, 그 배의 이름은 '존 스투디'였다. 악마가 마당으로 달려가 발을 구르며 말했다.

"존 스투디!"

다시 발을 구르며 외쳤다.

"존 스투디-이-이!"

그러자 배가 두 소녀와 소년을 태우고 바로 돌아왔다. 그들이 거의 도착했을 때, 소년은 다시 바퀴벌레로 변해 정원으로 들어갔다. 악마는 그를 보지 못했다.

다음 날 아침, 악마는 다시 밖으로 나갔고, 두 소녀는 다시 배를 타고 떠났다. 하녀는 닭에게 옥수수자루와 쌀 지루를 던졌다. 같은 일이 일어났고 소녀들은 악마에게 되돌아왔다.

마지막 날, 악마가 나가자, 하녀는 옥수수 자루, 쌀 자루, 그리고 보리 자루를 닭에게 던졌다. 닭이 먹기 시작했다.

"호크 칼릭 쿤 카 터른 스와로우!"

호크 칼럭 쿤 카 터른 스와로우!"
옥수수를 다 먹은 후, 닭은 쌀 자루로 갔다.
"호크 칼럭 쿤 카 터른 스와로우!
호크 칼럭 쿤 카 터른 스와로우!"
그리고 쌀을 다 먹은 닭은 이제 보리 자루로 갔다.
"호크 칼럭 쿤 카 터른 스와로우!
호크 칼럭 쿤 카 터른 스와로우!"
닭이 세 개의 자루를 다 먹는 동안 소녀들을 태운 배는 집에 도착했다. 소녀들은 집으로 돌아갔고, 배는 해안가에 남겨졌다. 곡식을 다 먹은 수탉이 날개를 쳤다.
"플롭 플롭 플롭 플롭
주인님의 아름다운 아내가 갔어!"
악마가 듣고 달려왔다.
"진-게-레이, 그들을 데리고 달려와라,
진-게-레이, 그들을 데리고 함께 뛰어와라,
진-게-레이, 그들을 데리고 함께 빨리 걸어와라!"
악마는 집에 와서 마당에서 외쳤다.
"존 스투디-이!"
빈 배는 바로 악마의 집으로 돌아갔다. 야지 소년이 아니었다면, 악마가 그들을 죽였을 것이다.

뱀 남편 이야기

Emilina Dodd, Lacovia.

한 여자가 딸을 두었다. 딸은 여러 남자와 약혼을 했지만, 정작 결혼하지는 않았다. 그녀는 남자들이 자신의 취향이 아니라고 말했다. 그런데 어느 날 잘 차려입은 남자가 찾아와 그녀에게 청혼했다. 그녀에게는 마법사인 오빠가 있었다. 오빠는 여동생에게 남자가 뱀이라고 말했다. 그러나 여동생은 그렇게 잘 차려입은 남자가 뱀일 리가 없다고 했다. 오빠는 도마뱀으로 변신해 마차 아래에 숨어서 함께 집으로 돌아갔다. 첫 번째 장소에서 그가 지나가자, 누군가가 말했다.

"뱀님, 제 목걸이를 돌려주세요."

다음에 또 누가 말했다.

"뱀님, 제 재킷을 돌려주세요."

결국 남자는 뱀의 모습으로 드러났다.

집에 돌아오자, 뱀은 그녀를 가둬 죽이려 했지만, '범프'라는 물건이 없어서 죽일 수 없었다. 그는 마당으로 나가 그 물건을 찾았다. 남자가 나간 후 시어머니가 말했다.

"며늘아, 네가 결혼한 이 남자는 너를 죽일 거야. 그는 나쁜 놈이야. 이미 결혼해서 아내를 죽였단다. 그리고 너도 죽일 거야. 내가 너를 놓아주겠지만, 그에게는 닭이 한 마리 있고, 그 닭은 말을 너무 많이 해!"

그러면서 그녀는 밀 한 통과 옥수수 한 통을 마당에 뿌렸다. 닭이 그것을 쪼아먹으면서 말했다.
"나는 상관하지 않아, 나는 다 먹고 말할 거야!"
"코 코 리 코 콤 온 두!
여자는 갔지만 그는 가지 않았다네,
코 코 리 코 콤 온 두!"
그래서 그들은 두 배의 양을 던졌다. 닭이 그것을 주워 먹고 노래했다.
"코 코 리 코 콤 온 두!
여자는 갔지만 그는 가지 않았다네,
코 코 리 코 콤 온 두!"
오빠가 여동생을 데리고 물가로 데려가는 중에 뱀이 숲에서 나왔다. 뱀이 그녀를 붙잡아서 집으로 데려가서 문을 잠그고, 다시 숲으로 돌아가 "범프"를 찾았다. 시어머니는 밀과 옥수수를 두 배로 던졌다. 닭이 다시 말한다,
"나는 전혀 신경 쓰지 않아, 먹으면서 말할 거야!"
닭은 모두 먹고 노래했다.
"코 코 리 코 콤 온 두!
여자는 갔지만 그는 가지 않았다네,
코 코 리 코 콤 온 두!"
그래서 뱀이 숲에서 나왔을 때, 다시 잡을 수 없었다. 그녀가 이미 땅 위로 올라갔기 때문이다.
화가 난 뱀은 집으로 돌아가 막대기를 들고 시어머니의 머리를 때려죽였다.

(다음 노래들은 뱀 남편 이야기의 다른 버전에서 가져온 것이다.)

"나는 너를 그렇게 깨끗이 핥을 거야,
나는 너를 그렇게 달콤하게 핥을 거야, 오,
아버지와 어머니는 네 뼈의 머리카락도 찾을 수 없을 거야.
가엾은 나, 리드-이 소녀, 오,
가엾은 나, 리드-이 소녀, 오,
멋진 남자가 나를 속이고 해쳤어.
칼-리, 오, 나의 칼-리, 오,
만약 칼-리가 오지 않았다면,
노란 뱀이 나를 통째로 삼켰을 거야.
엄마, 엄마, 뱀이 나를 삼켰어요.
당신은 거짓말을 했어요,
당신은 거짓말을 했어요.
내가 이 손을 당신에게 얹고 맹세하는데,
당신은 나에게 거짓말을 했어요,
당신은 나에게 거짓말을 했어요,
당신은 나에게 거짓말을 했어요.

낸시와 황소 신랑

Richard Morgan, Santa Cruz Mountains.

'데라'라는 여자가 딸을 낳았다. 어느 날 마당에서 딸은 한 남자를 보았다. 그는 크고 튼튼한 남자였다. 그가 그녀에게 청혼했고, 딸은 동의했다. 남자가 아침 식사를 하기 위해 마당에 왔을 때, 그는 차려진 음식을 먹지 않고 언제나 깨끗한 풀이 있는 곳으로 갔다. 딸에게는 남동생이 하나 있었는데, 남동생은 그를 계속 지켜보고 있었다. 남동생이 떠나자, 남자는 노래를 부르기 시작했다.

"나를 봐, 낸시, 바람이야,
나를 생각해, 낸시, 내가 왔어."

남자는 황소로 변해 풀을 배불리 먹었다. 다 먹고 나서 다시 노래를 불렀다.

"나를 봐, 낸시, 바람이야,
나를 생각해, 낸시, 내가 왔어."

그러자 그는 다시 사람의 모습으로 변했다.
결혼식 날, 남동생이 말했다.
"누나, 여기 온 저 남자가 누군지 알아? 저 남자는 황소야."
그의 누나가 말했다.
"오, 얘야, 저리 가! 황소가 살아있는 영혼으로 변할 수 있다고 어디서 들었니?"

그들은 교회에서 돌아와 테이블에 앉아 모두 축배를 들었다. 사람들은 남동생에게 축사를 할 것을 요청했다. 남동생이 말했다.

"나는 축사보다는 노래를 부를게요."

남자가 말했다.

"아니요, 노래보다 축사를 하는 게 나아요!"

그러나 손님들은 축사보다 노래를 듣는 것이 좋다고 했다.

그래서 소년이 노래를 시작했다,

　"나를 봐, 낸시, 바람이야,
　나를 생각해, 낸시, 내가 왔어."

남자가 고함을 지르면서 머리를 이리저리 들이받으면서 축사를 할 것을 요구했다. 소년이 다시 노래를 시작했다,

　"나를 봐, 낸시, 바람이야,
　나를 생각해, 낸시, 내가 왔어."

황소의 털이 자랐고, 네 다리가 나왔다. 커다란 황소가 뛰어다니며 집 안의 모든 사람을 밀쳐서 쓰러뜨렸다. 그리고 황소는 뛰쳐나가 다시는 보이지 않았다.

놀이 노래

George Parkes, Mandeville.

'델리'는 딸과 아들을 둔 늙은 여자였다. 아들은 마법사였고, 딸은 늙은 여자에 의해 잘 키워졌다. 많은 남자들이 그 소녀와 결혼하기 위해 청혼했지만, 어머니는 모두 거절했다. 마지막으로 악마가 멋지게 차려입고 어머니에게 갔다. 늙은 여인은 잘생긴 청년을 받아들였고, 악마는 딸에게 구혼했다.

아들은 마법사였기 때문에 그가 악마임을 알았다. 그는 어머니에게 그 남자는 악마니까, 누나를 그 남자와 결혼시키지 말라고 말했다. 어머니가 말했다.

"저리 가라! 네가 뭘 아느냐? 저런 신사 같은 사람을 악마라고 부르다니!"

악마가 걸어갈 때면 그의 무릎이 종을 치는 듯한 노래를 불렀다.

"더티 아이 룸 어 예리,
더블 빙, 더블 빙, .
더티 아이 룸 어 예리,
더블 빙, 더블 빙,
더티 아이 룸 어 예리,
더블 빙, 더블 빙,
벨링 벨링 뱅,
벨 아이 랭 뱅."

소년은 악마의 무릎이 노래하는 것을 들었다. 다른 사람이 그 노래를 부르면 악마의 옷이 떨어지고, 머리에 뿔이 자라났고, 꼬리가 생겨났다. 그래서 어느 날 밤 악마가 집에서 이야기하고 있을 때, 소년은 테이블 아래에서 조용히 그 노래를 불렀다.

"더트 아이 룸 어 예리,
더블 빙, 더블 빙."

악마가 그 노래를 듣고 말했다.

"장모님, 저 아이가 노래를 부르는 걸 멈추게 해주세요. 내가 저 노래를 싫어해요."

노파가 말했다.

"여보게, 나는 저 아이를 멈출 수가 없다네. 아마도 저 아이가 부르는 것은 별것 아닌 놀이 노래일 거야."

그래도 악마가 말했다.

"그래요, 나는 저 노래를 듣는 걸 싫어해요!"

소년은 이제 노래를 훨씬 더 크게 불렀고, 악마의 무릎도 더 크게 따라 불렀다.

"더티 아이 룸 어 예리, 더블 빙, 더블 빙!"

그러자 옷이 떨어지고 꼬리와 뿔이 자라났다. 소년은 어머니에게 말했다.

"내가 저 남자가 악마라고 말했잖아. 그런데 엄마는 믿지 않았잖아!"

그레이시와 마일스

Florence Thomlinson, Lacovia.

옛날에 '그레이시'라는 소녀와 '마일스'라는 남자가 있었다. 그들은 약혼한 사이였다. 마일스는 거의 매일 저녁 그레이시를 찾아갔고, 그녀를 위해 항상 노래를 불렀다. 그 노래는 그레이시에 관한 것이었다. 그레이시가 훌륭한 소녀이지만, 그가 그녀를 죽일 것이라고 말했다.

"나는 마일스, 무-, 나는 마일스, 무-,
나의 그레이시는 멋진 소녀야
나는 그레이시를 죽일 거야.
퐁, 내 여인아, 퐁 무우-!
퐁, 내 여인아, 퐁 무-!
나는 마일스, 무-,
나의 그레이시는 멋진 소녀야
나는 그레이시를 죽일 거야."

그레이시는 마일스가 정말로 자신을 죽일 것이라는 걸 몰랐다. 그녀에게는 남동생이 있었다. 어느 날 그녀는 남동생과 함께 마당에 서 있었다. 마일스는 매일 밭에서 일했고, 남동생이 그의 아침 식사를 가져다주었다. 소년이 가까이 가서 보니, 그는 인간이 아니었다. 그는 황소였다. 그는 소년이 오는 것을 보자, 인간으로 변했다. 소년은 누나에게 말했다.

"그 남자는 인간이 아니야, 그는 황소야!"
그녀는 말했다,
"오, 츄! 헛소리야! 어떻게 그런 걸 기대할 수 있니?"
소년이 말했다.
"만약 그게 사실이 아니라고 생각한다면, 나와 함께 가서 확인해 봐."
다음 날 그녀는 소년을 따라갔고 멀리서 지켜보니 사람이 아니라 풀을 먹는 황소였다. 그는 노래를 불렀다.

> "나는 마일스, 무-, 나는 마일스, 무-,
> 나의 그레이시는 멋진 소녀야
> 나는 그레이시를 죽일 거야."

그레이시는 이제 그가 황소라는 것을 알았다. 황소가 집에 오자, 그녀는 내일 저녁에 무도회를 열어야 한다고 말했다. 황소는 참석하겠다고 말했다. 그녀는 많은 남자를 불러서 밧줄을 준비하고 집 안에 음악을 틀었다. 그때 소년이 노래를 부르기 시작했다.

> "나는 마일스, 무-, 나는 마일스, 무-,
> 나의 그레이시는 멋진 소녀야
> 나는 그레이시를 죽일 거야."

마일스가 외쳤다.
"오, 이 꼬마는 어디서 왔지? 내보내!"
마일스의 발굽이 자라기 시작했고, 뿔이 자라기 시작했고, 꼬리가 자라기 시작했다. 그는 큰 황소가 되었다. 남자들이 그를 쓰러뜨려 밧줄로 묶고 몽둥이로 두들겨 팬 후 내쫓았다.

두 마리의 황소

Alexander Foster, Maroon Town, Cock-pit country.

옛날에 야생 황소들이 사는 지역이 있었는데, 그 지역은 '가르셴 펜'이라고 부르는 곳이었다. 그 지역의 우두머리 황소는 자신의 지역에서 다른 수컷 황소 새끼가 태어나거나 자라도록 허용하지 않았다. 하지만 암송아지가 태어나면 그 암송아지를 돌보고, 핥아주고, 영양을 공급해 건강하게 자라게 했다! 어느 날 한 암소가 임신을 해서 높은 산에 올라가 송아지를 낳았는데, 그 송아지는 수송아지였다.

그 늙은 황소의 이름은 '올드 무디'였고, 젊은 황소는 '테피-테피'였다.

엄마 소는 송아지가 거대한 황소로 자랄 때까지 몰래 키웠고, 송아지를 강으로 물 마시러 데려갔다. 아버지가 물을 마시러 올 때마다 그는 먼저 강을 떠나갔다. 아들 소는 강에 올 때마다 아버지의 발자국에 발을 넣어 재어 보았다. 엄마 소가 그에게 말했다.

"안된다, 아들아, 네 발자국은 아직 네 아버지만큼 크지 않아."

엄마 소는 아들 소를 며칠 더 데리고 다녔다. 어느 날 정오가 되자 엄마 소는 아들 소를 다시 강으로 데려갔다. 아들 소는 아버지의 발자국에 발을 넣어 보았다. 그는 자신이 이제 어른이 되었다고 생각했다. 아들 소는 그 자리에 서서 어머니에게 말했다.

"오늘은 반드시 아버지를 만나야 해요."

엄마 소가 말했다.

"아들아, 네 아버지는 너무 잔인해. 내 아들이 죽을까 봐 두려워!"

그러나 아들 소는 일어나 소리쳤다.

"엄마, 나는 갈 거야! 나는 가서 아버지를 만날 거야!"

그리고 그는 노래를 부르기 시작했다.

  "산티 무디 오, 테피-테피가 간다!

  산티 무디 오, 테피-테피가 간다!"

한 늙은 황소가 그에게 대답했다.

"험-험-험, 뭐라고 했느냐?

나는 단지 디키와 샌디 형제에게 가는 중이야,

무디가 나에게 가지 말라고 했어."

아들 소는 아버지를 만나기 위해 공터로 올라갔다. 잘생긴 수소가 올라오자, 모든 젊은 암소들이 그를 바라보았다. 그는 노래를 부르며 올라갔다,

  "산티 무디 오, 테피-테피가 간다!"

늙은 황소가 대답했다,

"험-험-험, 뭐라고 했느냐?

나는 단지 디키와 샌디 형제에게 가는 중이야,

무디가 나에게 가지 말라고 했어."

늙은 아버지 황소와 젊은 아들 황소가 만나 싸우기 시작했다. 늙은 황소가 아들을 공중으로 내던졌고, 아들은 네 발로 착지했다. 아들은 아버지를 다시 공중으로 던졌다. 아버지는 내려올 때 한 발이 부러졌다. 그는 성한 발로 밟고 아들을 더 높이 내던졌다. 아들은 다시 아버지를 공중으로 던졌고, 아버지는 떨어지면서 다른 발이 부러졌다. 강으로 물 마시러 달려가던 모든 소들이 늙은 황소에게는 신경 쓰지 않고, 모두 젊은 황소쪽으로 갔다. 늙은 황소는 두 발로 아들을 다시 들어 올려 공중으로 던졌고, 젊은 황소는 네 발로 땅에 내려앉았다. 젊은 황소가 다시 아버지를 내던지자, 다른 발이 또 부러졌다. 늙은 황소는 아들을 다시 들어 올렸지만, 발이 부러져 멀리 던지지 못했다. 젊은 황소가 다시 아버지를 내던졌고, 나머지 발도 또 부러졌다. 그러자 늙은 황소는 배를 땅에 대고 싸웠다. 아들을 들어 올렸지만, 발이 없어 멀리 던질 수 없었다. 그리고 젊은 황소가 그를 마지막으로 던졌다. 늙은 황소는 공중에 내던져졌다가 내려올 때 목이 부러져 죽었다. 그날부터 모든 젊은 수소들이 우리 안에서 자랄 수 있었다. 그들을 파괴할 것은 아무것도 없었다.

볼린더 불

Richard Morgan, Santa Cruz Mountains.

'볼린더 불'이라는 이름의 황소가 있는데, 그의 진짜 이름은 '킹 바이만도럼'이다. 그는 악명 높은 황소였고 많은 사람들을 해쳤다. 왕은 볼린더 불을 죽이는 자에게 자신의 두 딸을 아내로 주겠다고 선언했다. 세상의 모든 남자들이 시도했지만, 볼린더 불을 죽일 수 없었다. 어느 날, 한 노파가 서 있었는데, 한 여자가 아이를 낳기 위해 마굿간으로 갔다. 황소가 그 여자를 들이받고 사라졌다. 여자는 죽었고, 아기가 여자의 뱃속에서 나왔다. 노파는 아기를 데려가 키웠다. 아이가 성장하자, 노파는 아이를 학교에 보냈다. 매일 12시에 마블 게임을 할 때 아이는 운 좋게 이겼다. 다른 아이들은 그에게 말했다.

"너희 아빠 때문에 이긴 거야!"

오후 4시가 되어 집에 돌아오자, 아이는 노파에게 물었다.

"엄마, 왜 내가 게임에서 이기면 다른 아이들이 '너희 아빠 때문에 이긴 거야!'라고 말하는 거죠?"

노파는 아이에게 다음 날 정오에 가장 작은 아이와 함께 놀라고 했다. 만일 그 아이가 게임에 지고 '너희 아빠 때문에 이긴 거야!'라고 말하면 두 번 때리라고 했다. 그러면 아이들이 왜 그런 말을 하는지 알게 될 것이라고 했다.

다음 날 정오에 아이가 다른 아이와 놀고 이겼다. 다른 아이가 '너희 아빠 때문에 이긴 거야!'라고 말하자 아이는 그 아이를 두 번 때렸다. 얻어맞은 아이가 말했다.

"볼린더 불이 너희 엄마를 들이받아서 네가 엄마 뱃 속에서 나온 거야."

아이는 집에 돌아와서 말했다.

"엄마, 당신은 내 진짜 엄마가 아니군요!"

늙은 여자는 아니라고 말하며 모든 일을 설명했다. 그 말을 들은 아이가 말했다.

"어디든 볼린더 불을 찾아가서 죽일 거야!"

그 황소는 금빛 혀와 금빛 이빨을 가졌다. 소년이 길을 가다 어떤 귀족들을 만났다. 그들이 말했다.

"어린 소년아, 어디로 가는 거냐?"

소년이 말했다.

"볼린더 불과 싸우러 가는 거예요."

그 사람들이 말했다.

"꼬마야, 우리는 볼린더 불을 잡기 위해 수년간 쫓아다녔지만 잡지 못했단다. 네가 어떻게 할 생각이냐?"

소년이 말했다,

"걱정하지 마세요. 내가 싸울 거에요!"

소년은 볼린더 불이 먹이를 먹는 곳으로 갔다. 황소는 그를 보지 못하고 물을 마시러 갔다. 소년은 면화 나무로 가서 말했다.

"내려와라, 착한 면화 나무야, 내려와라!"

목화 나무는 가지를 내렸다.

"올라가라, 착한 목화 나무야, 올라가라!"

목화 나무는 가지를 펴서 소년이 나무 위에 올라가게 했다. 황소가 다시 돌아왔을 때, 노랫소리가 들렸다.

"어디에 있든 볼린더 불,

나는 오늘 그를 죽일 거야!"

볼린더 불이 말했다.

"공중에 있는 꼬마야, 나를 조롱하는 거냐?"

황소는 다가오면서 활로 화살을 쏘았다. 소년은 화살을 잡았다. 황소는 또 다른 화살을 쏘았다. 일곱 발을 모두 쏘았지만, 소년은 모두 잡았다. 소년은 그를 바라보면서 화살 중 하나를 던져 그의 한 손을 고정시켰다. 다른 하나를 던져 다른 손을 고정시켰다. 또 다른 화살을 던져 한 발을 고정시켰다. 또 다른 화살을 던져 다른 발을 고정시켰다. 그는 또 다른 화살을 쏘아 귀 하나를 꽂았다. 또 다른 화살을 쏘아 다른 귀를 꽂았다. 마지막 화살은 머리를 관통시켰다. 그러자 소년이 말했다,

"내려와라, 착한 면화 나무야, 내려와라!"

면화 나무가 가지를 내리자, 소년은 황소의 귀를 잡고 비틀었다. 황소가 반응이 없는 것을 보고 그는 황소가 죽었다는 것을 알게 되었다.

그제서야 소년이 면화 나무에서 내려와 말했다.

"올라가라, 착한 목화 나무야, 올라가라!"

면화 나무가 가지를 들었다. 소년은 칼을 꺼내 황소의 이빨을 뽑고 혀를 잘라냈다. 그리고 그곳을 떠났다.

소년은 그날 왕의 궁으로 가지 않았다. 그런데 아난시가 근처를 지나다가 죽은 황소를 보았다. 아난시가 말했다.

"이크, 볼린더 불이야! 이크, 볼린더 불이야!"

황소는 움직이지 않았다. 아난시가 말했다.

"너, 이 빌어먹을 개자식아, 오늘은 나를 죽이지 못할 거다!"

아난시는 돌을 들어 황소를 내리쳤다. 아난시는 황소가 이미 죽었다는 것을 알게 되었다. 아난시는 매우 기뻐했다. 그는 황소의 머리를 잘라 왕에게 가져갔다. 아난시가 왕에게 말했다,

"제가 볼린더 불을 죽였습니다, 폐하!"

왕이 말했다,

"오, 그렇구나! 내일 아침에 너는 내 사위가 될 것이다."

사람들이 문에 종을 달았다. 모든 문에 종이 달렸다. 아난시가 교회에 가기 위해 준비하고 있을 때, 문에서 종이 울리는 소리가 들렸고, 종들이 노래를 불렀다.

"누가 나나의 문을 두드릴까, 빙 뱅 뱅?
누가 나나의 문을 두드릴까, 빙 뱅 뱅?"

다음 날 소년이 왕을 찾아왔다. 왕이 물었다.

"무슨 일로 왔느냐?"

소년이 말했다.

"제가 볼린더 불을 죽였습니다, 폐하."

그때 아난시가 왔다. 왕이 말했다.

"너는 꼬마 거짓말쟁이구나! 너 같은 소년이 어떻게 볼린더 불과 싸울 수 있단 말이냐!"

아난시가 뛰어 들어가 말했다.

"여기 볼린더 불의 머리가 있습니다!"

소년은 주머니에 손을 넣었다 꺼내며 말했다.

"여기 볼린더 불의 혀와 이빨이에요!"

왕은 아난시를 붙잡았다. 그리고 사다리 위에 눕혀서 때리게 했다. 그런 후에 왕은 아난시에게 소년과 딸의 결혼식에 쓸 나무를 찾아오라고 보냈다. 왕은 아난시를 감시하라고 개를 한 마리 보냈다. 아난시는 나무를 운반했다, 열 묶음을 운반했다. 매번 갈 때마다 개가 그와 함께 갔다. 마지막 운반에서 돌아와서, 아난시가 말했다.

"개야, 고기 좋아해? 저기 돼지 한 마리가 있다고 들었어. 빨리 가서 우리가 좀 가져올 수 있는지 보고 와!"

개는 고기를 찾으러 갔다. 개가 돌아오기 전에 아난시는 숲으로 들어가 숨었다. 사냥개들이 모두 그를 찾았지만, 오늘까지도 찾을 수 없었다.

식인 새 아린토

Mrs. Ramtalli, Maggotfy.

'아린토'라는 새가 있었다. 아린토는 인간의 고기를 먹고 살았다. 그 지역에는 두 다리가 절름발이인 데이비드 로렌스라는 소년이 있었다. 소년은 새가 날아오는 소리를 들으면 누이에게 자신을 데려가 달라고 요청했다. 그러나 누이는 아린토가 자기도 잡아먹을 것이라고 말하며 거절했다. 소년은 다른 방법이 없어서 자신이 살던 집 마당에 구멍을 파고 그곳에서 한동안 지냈다. 그러던 어느 날 아린토가 날아와 집 지붕에 앉아서 말했다.

"고기 냄새가 나네, 이 근처에 누군가 있구나!"

그러자 데이비드 로렌스는 노래를 불렀다.

"너 아린토, 너 아린토,
흔들고, 흔들고,
데이비드 로렌스에게 내려와라."

그러자 아린토는 노랫소리가 나는 곳을 향해 지붕에서 내려왔다. 그곳은 지하 통로였기 때문에 소년은 통로를 따라 움직였고, 새는 위아래로 그를 따라갔다. 소년이 통로의 끝으로 가면 새도 그곳으로 갔고, 위쪽으로 가면 새도 그곳으로 갔다. 하루 종일 그렇게 계속되었다. 밤이 되면 새는 지쳐서 돌아갔다. 너무 피곤해서 먹을 수도 없었다. 하지만 소년은 밤에 요리를 해서 먹고, 휴식을 취했다.

이렇게 몇 주가 지나자, 새는 지치고 피로해져, 한밤중에 둥지에서 떨어져 죽었다. 데이비드 로렌스가 나와 새의 혀를 잘라 다음날 왕에게 가져가려 했다. 왕이 아린토를 죽인 자에게 딸을 주겠다고 약속했기 때문이다. 다음 날 아침, 아난시가 지나가다 죽은 새를 보고 머리를 잘라 왕에게 서둘러 가져갔다. 아난시를 왕의 딸과 결혼시키기 위해 결혼 잔치가 열렸다. 그 순간, 낡은 옷을 입은 소년이 문 앞에 찾아왔다. 아난시는 왕에게 그와 상관하지 말라고 말했다. 하지만 소년이 너무 크게 소리치자, 왕은 결국 밖으로 나갔고, 소년은 왕에게 말했다,

"아난시는 사기꾼입니다! 왕이시여, 혀가 없는 머리를 본 적이 있습니까?"

아난시는 그 말을 듣고 테이블 아래로 달려갔다가 집의 지붕으로 올라가 도망갔다. 데이비드 로렌스는 안으로 들어와 좋은 옷을 입고, 왕의 딸과 결혼해 행복하게 살았다.

목소리를 바꾼 호랑이

George Parkes, Mandeville.

옛날에 한 여자가 딸 하나를 두었는데, 그 딸은 그 나라와 그 주변에서 가장 아름다운 소녀였다. 모든 남자들이 그 소녀와 결혼하고 싶어 했지만, 어머니는 그들이 찾아올 때마다 거절했다. 호랑이도 그 소녀를 원했고, 그녀에게 청혼했지만, 어머니는 거절했다. 호랑이는 만약 소녀를 얻지 못하면 그녀를 죽이겠다고 말했다. 그래서 그들은 그 지역을 떠나 다른 곳으로 이사했다. 그들이 간 곳은 아무도 살지 않는 빽빽한 야생 숲이었다. 그녀는 백 개의 문과 백 개의 창문, 큰 계단이 있는 집을 지었다. 그 집은 2층 건물이었으며, 그곳에서 두 사람이 살았다.

호랑이는 그 소식을 듣고 집 주변을 배회하며 소녀를 잡으려고 했지만, 소녀는 결코 밖으로 나오지 않았다. 낮에는 어머니가 일을 나가며 소녀를 집에 남겨뒀다. 나갈 때 어머니는 모든 문과 창문을 잠갔고, 저녁에 돌아올 때는 특정 장소에서 집을 보고 모든 문과 창문이 잠겨 있는지 확인한 후, 노래를 부르기 시작했다.

"톰 존스, 톰 존스, 톰 존스!"
(그게 소녀의 이름이었다)
그러면 소녀가 대답했다.
"데 라, 마담!"

엄마가 딸에게 말했다.

"잘 가세요, 잘 가세요, 잘 가세요,
잘 가세요, 내 사랑,
잘 가세요, 내 사랑!
나는 호랑이가 아니야,
데 라, 호, 데 라, 호,
나 이제 왔어, 호!"

그러면 문이 열리기 시작했고, 엄마가 노래를 했다.

"치키 치키 노크 움바르,
치키 치키 노크 움바르,
치키 치키 노크 움바르."

그 노래 없이 문은 열리지 않았다. 문이 열리면 엄마가 집으로 들어갔다.

그때 호랑이는 숲에서 노래를 모두 들었다. 어느 날 엄마가 일을 나가느라 집을 떠났다. 엄마가 돌아올 시간이 되자 호랑이는 엄마가 항상 노래를 부르는 곳으로 갔다. 그는 매우 거친 목소리로 노래를 불렀다,

"톰 존스, 톰 존스, 톰 존스!"

소녀가 창문으로 바라보며 말했다.

"호랑이, 너는 누구냐!"

호랑이는 도망가 숨어서 엄마가 올 때까지 기다렸다. 엄마가 오자 호랑이는 다시 노래를 잘 들어보았다. 엄마의 목소리는 호랑이와 달리 맑은 목소리였다.

다음 날, 호랑이는 대장간으로 가서 대장장이에게 어떻게

하면 맑은 목소리를 얻을 수 있는지 물었다. 대장장이는 긴 철을 달구어 목구멍에 밀어 넣어야 한다고 말했다. 그리고 목구멍을 태운 후 고기를 먹으면 맑은 목소리를 얻을 수 있다고 했다. 그런데 호랑이는 먼저 고기를 먹고 나서 목을 태웠다. 다음 날 그는 엄마가 항상 노래를 부르는 곳으로 갔다. 그런데 그의 목소리는 더 거칠어졌다.

"톰 존스, 톰 존스, 톰 존스!"
소녀가 창문으로 보면서 말했다.
"츄! 너는 누구냐?"
호랑이는 화가 나서 집으로 돌아갔다. 이번에는 목을 먼저 태우고 고기를 먹었다. 그러자 목소리가 여자보다 더 맑아졌다. 다음 날, 엄마가 일에서 돌아올 시간쯤, 호랑이는 집을 볼 수 있는 곳으로 갔다. 그는 노래를 시작했다,

"톰 존스, 톰 존스, 톰 존스!"
소녀는 엄마라고 생각하고 대답했다.
"데라, 마담!"
그러자 호랑이가 말했다.

"잘 가세요, 잘 가세요, 잘 가세요,
잘 가세요, 내 사랑,
잘 가세요, 내 사랑!
나는 호랑이가 아니야,
데 라, 호, 데 라, 호,
나 이제 왔어, 호!"

문이 열리기 시작했다.

"치키 치키 노크 움바르,
치키 치키 노크 움바르,
치키 치키 노크 움바르."

문이 열리자, 호랑이가 뛰어들어 소녀를 잡아 삼켰다.

어머니가 집에 돌아와 노래를 부르는 곳에 도착해 보니, 문과 창문이 열려있었다. 그녀는 가지고 오던 것들을 모두 내던지고 집으로 달려갔다. 그녀는 호랑이가 누워 자고 있는 것을 보았다. 어머니는 밖으로 나와 힘센 남자들을 불러 호랑이를 묶어 죽이고, 배를 갈라 딸을 꺼냈다. 딸은 아직 완전히 죽지 않았다. 그들은 딸을 소생시켰다. 엄마와 딸은 집을 버리고 멀리 다른 나라로 갔다. 그래서 지금도 많은 오래된 집들이 사람이 살지 않고 버려져 있는 것이다.

아난시와 모기

George Parkes, Mandeville.

한 노파가 딸을 하나 두었는데, 그 딸의 이름을 아무도 몰랐다. 노파는 누가 있는 곳에서는 딸의 이름을 절대로 부르지 않았기 때문에, 아무도 딸의 이름을 듣지 못했다.

그래서 노파는 딸의 이름을 맞추는 사람에게 백 파운드를 주겠다고 했다. 아난시는 반드시 그 돈을 받아야겠다고 말했다. 그는 모기와 거래를 맺었다. 모기는 작은 몸으로 틈새를 통과할 수 있기 때문에, 소녀의 방에 들어갔다. 아난시는 노파의 방 밑으로 들어갔다. 밤에 소녀가 잠들자, 모기는 그녀의 귀에 노래를 불렀고, 소녀는 손을 들어 모기를 치며 "저리 가!"라고 말했다. 노파는 방에서 그 소리를 들었다. 조금 후 모기가 다시 소녀의 귀에 노래를 불렀다. 소녀는 모기를 향해 손을 치며 "저리 가!"라고 다시 말했다. 노파의 방 밑에 있는 아난시는 모든 소리를 잘 들을 수 있었다. 잠시 후 모기가 다시 소녀에게 가서 귀에 노래를 불렀다. 그녀는 모기를 향해 손을 치며 "저리 가!"라고 다시 말했다. 노파가 소녀에게 말했다.

"제그라디, 제그라디, 무슨 일이니?"

딸이 말했다.

"잠을 자는데 뭔가 거슬리는 게 있어요, 엄마."

아난시는 모기를 기다리지 않고 바로 집으로 달려가, 바이올린을 들고 연주하기 시작했다.

"제그라디, 제그라디, 제그라, 제그라디,
이리와서 아난시의 손을 잡아주렴, 내 사랑!"

다음 날 아침, 그는 노파의 집으로 가서 연주하기 시작했다. 소녀는 자신의 이름을 듣고 말했다.

"엄마, 누군가 제 이름을 부르는 것 같아요!"

그래서 노파는 아난시를 집으로 들어오게 하고 아난시에게 약속한 금액을 주었다. 아난시는 돈을 받았지만, 모기에게는 한 푼도 주지 않았다. 그래서 그날부터 모기가 사람들의 귀 근처를 날아다니며 소리를 냈다. 그것은 아난시가 모기에게서 돈을 훔쳤기 때문이다.

아기 흉내를 낸 아난시

Eliza Barrett, Harmony Hall, Cock-pit country.

한집에 사는 세 자매가 있었다. 누구도 그들의 이름을 알지 못했다. 아난시는 그들의 이름을 듣고 싶었지만 알 수 없었다. 그래서 그는 젊은 남자를 데려와 그 남자를 아기로 변신시켰고, 자신은 아기의 엄마로 변신했다. 아난시는 아기를 자매들에게 데리고 가서 그들에게 아기를 돌봐줄 수 있는지 물었다. 그리고 그들에게 말했다.
"아기가 울면, 아기를 목욕시켜야 해요."
자매 중 한 명의 이름은 '산타 크루카'였다. 산타 크루카는 아기를 안아서 욕조에 넣으며 말했다.
"아민타 언니, 이런 작은 아기에게 이렇게 큰 남성이 있는 걸 본 적 있어?"
아민타가 말했다.
"빨리 와봐, 아마타 언니, 이런 작은 아기에게 이렇게 큰 남성이 달린 걸 본 적 있어?"
아기 엄마가 와서 아기를 나무 아래로 데려가자, 아기가 엄마에게 말했다.
"저 여자는 산타 크루카고, 다른 여자는 아민타고, 또 다른 여자는 아마트야."
아기를 내려놓자, 그 아기는 그 앞에서 다시 큰 키의 남

자로 변했다. 아난시는 세 여인에게 가서 말했어요,

"부인, 당신의 이름이 산타 크루카 아니신가요?"

그녀는 방으로 들어가서 쓰러져 죽었다. 아난시는 아민타에게 가서 말했다.

"부인, 당신의 이름이 아민타 아니신가요?"

그녀도 죽고 말았다. 아난시는 아마타에게 가서 말했다.

"당신의 진짜 이름이 아마타 아니에요?"

그러자 그녀는 쓰러져 죽었다. 아난시는 세 자매의 모든 재산을 차지하고, 다시는 집으로 돌아가지 않았다.

이빨이 난 아기

Henry Spence, Bog, Westmoreland.

두 자매가 있었다. 그들이 태어났을 때부터, 그 두 자매의 이름을 아는 사람은 아무도 없었다. 그래서 아난시는 자신이 그 두 자매의 이름을 알아내겠다고 내기를 걸었다. 집에 돌아온 아난시는 아내에게 자신이 아기 역할을 할 거라고 말했다. 아내는 그 두 자매를 위해 마당에서 풀을 뽑는 일을 하고 있었는데, 아내가 일하러 갈 때 아기가 된 자신을 그늘진 나무 아래에 조용히 놓아두라고 했다. 아내가 아난시 말대로 했다. 두 자매는 나무 아래로 갔다 아기를 보고 기뻐했다. 아기가 웃자, 입에 이가 모두 나 있었다. 두 자매는 놀랐다. 동생이 말했다.

"아구마 언니, 아난시 아기 입에 이가 모두 나 있네!"

아구마가 달려가서 보았다. 아난시는 그 이름을 들었다. 아구마가 와서 말했다.

"오, 아구메, 아-아-아! 아난시 아기의 입에 이가 가득 차 있구나!"

아난시는 두 이름을 모두 듣고 내기에 이겨 돈을 벌었다.

긴 머리를 가진 아기

Richard Morgan, Santa Cruz Mountains.

8년 동안 한 남자가 마을에 살았는데, 아무도 그의 이름을 알지 못했다. 아난시가 엄마에게 말했다.

"엄마, 내 바지를 벗기고 긴 셔츠를 입혀줘요. 나를 그 남자의 집으로 데려가서 엄마가 밭에서 돌아올 때까지 돌봐달라고 해요."

엄마가 밭일을 하는 동안 아기는 얌전히 있었다. 그러다 엄마가 돌아오는 것을 보자, 아기는 울면서 기어서 엄마 쪽으로 기어갔다.

남자는 그를 다시 데려오면서 말했다.

"얘가 왜 이래? 엄마를 보고 울기 시작하네?"

남자는 아기를 데려오다가 셔츠가 등 부분이 불룩 튀어올라가 있는 것을 보았다. 그는 몸을 숙여 셔츠 안을 들여다보고는 아기의 손을 때리며 말했다.

"이런 세상에! 이런 긴 머리를 가진 아기가 어디 있단 말이야? 가엾은 나, 톰 구디!"

그러자 아기는 엄마에게 달려가며 "톰 구디!"라고 울부짖었다. 그날부터 마을 전체가 그 남자의 이름이 톰 구디라는 것을 알게 되었다.

아난시와 에이블 씨

Thomas White, Maroon Town.

'에이블'에게는 두 딸이 있었고, 그들은 젊고 아름다운 여자들이었다. 아난시는 이 두 여자에 대해 듣고, 그들을 아내로 삼고 싶었지만, 어떻게 얻을 수 있을지 몰랐다. 에이블은 자신의 이름을 부르는 소리를 듣는 것을 참을 수 없는 사람이었다. 자신의 이름을 듣는 순간, 그는 자살할 정도로 분노했다. 그래서 아난시는 잘 익은 바나나를 두 개를 가져와 젊은 두 딸에게 주었다. 그들은 아난시로부터 두 개의 익은 바나나를 받아먹었다. 이것이 아난시가 두 젊은 두 딸의 호감을 얻는 유일한 방법이었다.

에이블은 그 사실을 전혀 몰랐다. 그러던 어느 날 에이블은 집에서 노랫소리를 들었다.

"브라더 에이블, 오, 나는 망했어,
브라더 에이블, 오, 나는 망했어,
브라더 에이블, 오, 나는 망했어,
내 바나나가 사라졌어."

에이블이 말했다.

"내가 태어나서 지금까지 사람들이 내 이름을 이렇게 부르는 걸 들어본 적이 없어!"

그래서 그는 집에서 있을 수가 없어서, 밭으로 나가 사탕

나무를 심으러 갔다. 아난시는 밭으로 따라갔다.

  "브라더 에이블, 오, 나는 망했어,
   내 바나나가 사라졌어."

에이블은 사탕나무를 놔두고 빵나무에 올라갔다. 아난시는 빵나무 아래로 가서 노래를 불렀다.

  "브라더 에이블, 오, 나는 망했어,
   내 바나나가 사라졌어."

에이블은 면화나무 위로 올라갔다. 아난시는 면화나무 밑동에 가서 소리쳤다.

  "브라더 에이블, 오, 나는 망했어,
   내 바나나가 사라졌어."

에이블은 면화나무에서 몸을 던졌고, 목이 부러져 죽었다. 아난시는 에이블의 집과 두 딸을 차지했다.

왕의 세 딸

Vincent Morrison, Mandeville.

옛날에 한 왕이 세 딸을 두었다. 왕이 죽자, 젊은 남자들이 그녀들을 만나려고 궁 울타리 쪽으로 갔다. 그러나 그녀들은 남자들이 다가오자, 그들을 쫓아냈다. 어느 날 그 젊은 남자들이 아난시를 만나서 말했다.

"너는 절대 그 집에 들어갈 수 없을 거야, 내기할 수 있어!"

아난시가 말했다.

"나는 그 집에 들어갈 거야. 내기를 받아들이겠어!"

아난시는 집에 가서 말갈기와 면화나무 가지로 바이올린을 만들었다. 그는 저녁에 길에 나와 바이올린을 연주하며 말했다.

"톰 바디 톰 팅,
트위티 트위티 트위티
트위티 트위티 트위,
링가 링가 루,
아무도 그곳에 가본 사람이 없지,
링가 링가 링,
아난시가 오늘 밤 그곳에 갈 거야,
그곳에 갈 거야, 링가 링가 링."

여인들이 큰 소리로 소리쳐 물었다.

"누가 그 아름다운 음악을 연주하는 거야?"

아난시가 말했다.
"저예요, 부인!"
여인들이 물었다.
"누구세요?"
아난시가 대답했다.
"저는 아난시예요, 부인."

여인들은 그를 집으로 데려갔다. 아난시는 두 시간 동안 연주하고 돌아왔다. 그래서 아난시는 남자들과의 내기에서 이겼다.

금빛 혀와 금빛 이빨을 가진 아이

George Parkes, Mandeville.

어느 나라에 금빛 혀와 금빛 이빨을 가진 아이가 태어났다. 그 아이가 태어난 날부터 어머니와 아버지 외에는 아무도 그 이빨을 보지 못했다. 아이는 누구에게도 말을 하지 않았고, 이빨이나 혀를 보여준 적도 없었다. 그 나라의 왕이 그 소식을 듣고, 그 아이를 말하게 만드는 사람에게 큰 상금을 주겠다고 선언했다. 왜냐하면 왕은 아직 금빛 혀와 이빨을 본 적이 없었기 때문이다. 많은 사람들이 아이의 집으로 가서 모든 방법을 시도했지만, 아이는 말을 하지 않았다.

아난시가 그 소식을 듣고 왕에게 가서, 자신이 그 아이를 말하게 만들겠다고 말했다. 왕은 아난시가 자신 앞에서 아이를 말하게 하면 더 많은 보상을 주겠지만, 만약 말하게 하지 못하면 아난시를 죽이겠다고 했다. 아난시는 집으로 돌아가 바이올린을 가져와 줄을 조이고, 아이가 있는 곳으로 갔다. 그리고 아이가 들을 수 있도록 바이올린을 연주했다.

"폴리 돈 야 신 두,
폴리 돈 야 신 두,
폴리 돈 야 신 두,
오늘은 즐거운 날이야,

오늘은 즐거운 날이야,
신 두, 신 두-오!"
아이는 아난시를 보고 웃었다. 아난시는 머리를 흔들었다. 그는 다시 같은 멜로디를 연주했다.
"폴리 돈 야 신 두,
폴리 돈 야 신 두."
아이가 웃음을 터트렸다. 아난시는 아이의 이빨을 볼 수 있었다. 아난시는 더 크게 같은 곡을 연주했다.
"폴리 돈 야 신 두,
폴리 돈 야 신 두."
아이는 이제 흥얼거리기 시작했다,
"폴리 돈 야 신 두,
폴리 돈 야 신 두."
아난시는 더 크게 연주했다,
"폴리 돈 야 신 두,
폴리 돈 야 신 두,
폴리 돈 야 신 두,
오늘은 즐거운 날이야,
오늘은 즐거운 날이야,
신 두, 신 두-오!"
아이가 따라했다.
"폴리 돈 야 신 두,
오늘은 즐거운 날이야."
아난시는 머리를 흔들면서 웃었다. 그리고 더 크게 연주했다.

"폴리 돈 야 신 두,
폴리 돈 야 신 두."
아이가 더 크게 노래했다.
"폴리 돈 야 신 두!
폴리 돈 야 신 두!"

아이가 그렇게 노래를 부를 때, 아난시는 아이를 데리고 왕궁으로 달려갔다. 아이를 의자에 앉히고, 왕을 불러서 왕에게 아이가 노래를 하면 아이의 혀와 이를 보게 될 것이라고 말했다. 왕은 믿지 않았다. 아난시는 왕 앞에서 바이올린을 연주하며 같은 멜로디를 연주했다. 아이가 크게 노래했다.

"폴리 돈 야 신 두,
폴리 돈 야 신 두,
폴리 돈 야 신 두,
오늘은 즐거운 날이야,
오늘은 즐거운 날이야,
오늘은 즐거운 날이야,
신 두, 신 두-오!"

왕은 매우 기뻐했고, 아난시는 큰 보상을 받았다. 왕은 아이를 자신의 집으로 데려가서, 그곳에서 아이는 왕과 함께 영원히 살았다.

뛰어라, 나무야 뛰어라

Emanuel Johnson, Brownstown, St. Anne.

옛날에 어떤 왕이 있었다. 왕은 숲에서 나무를 하나 궁전으로 가져가려고 했다. 그런데 그 나무는 길이가 1마일이나 돼서, 그걸 옮길 수 있는 사람은 '올드 콘치'라는 이름의 노인뿐이었다.

왕은 올드 콘치를 불러서 나무를 옮겨달라고 했다. 올드 콘치가 나무를 1마일 옮기는데 5일이 걸렸다. 아난시가 이를 듣고, 자신은 그보다 더 빨리 옮길 수 있다고 생각했다. 그는 왕에게 가서 자신이 나무를 가져오겠다고 말했다. 왕은 만약 올드 콘치보다 더 빨리 옮길 수 있다면 허락하겠다고 했다. 아난시는 나무를 가지러 갔다. 올드 콘치가 5일 만에 나무를 가지러 갔을 때, 그는 아난시가 나무 옆에 있는 것을 보았다. 아난시는 나무를 들어 올리려 했지만 들어 올리지 못했다. 올드 콘치는 나무 옆에 서서 노래를 부르기 시작했다.

"길을 따라가라, 나무야, 따라가라!
긴 길을 따라가라, 나무야, 따라가라!
길을 따라가라, 나무야, 따라가라!
뛰어라, 나무야, 뛰어라!
뛰어라, 나무야, 뛰어라!

뛰어라, 내 나무야, 뛰어라!"
　나무가 벌떡 일어나 뛰어올라, 2마일 떨어진 곳에 떨어졌다. 아난시가 올드 콘치보다 먼저 가서 나무를 다시 들려고 했다. 올드 콘치가 나무에 도착해서 아난시를 다시 보았다. 올드 콘치는 나무 옆으로 가서 말했다,
　　"길을 따라가라, 나무야, 따라가라!
　　긴 길을 따라가라, 나무야, 따라가라!
　　길을 따라가라, 나무야, 따라가라!
　　뛰어라, 나무야, 뛰어라!
　　뛰어라, 나무야, 뛰어라!
　　뛰어라, 내 나무야, 뛰어라!"
　나무가 뛰어올라, 2마일을 더 날아갔다. 나무가 4마일이나 간 것이다. 아난시가 올드 콘치보다 먼저 가서 나무 옆에서 노래를 했다.
　　"길을 따라가라, 나무야, 따라가라!
　　긴 길을 따라가라, 나무야, 따라가라!
　　길을 따라가라, 나무야, 따라가라!
　　뛰어라, 나무야, 뛰어라!
　　뛰어라, 나무야, 뛰어라!
　　뛰어라, 내 나무야, 뛰어라!"
　나무가 뛰어올라, 2마일을 더 날아가 왕의 궁전 마당에 떨어졌다. 올드 콘치는 아직 길을 가고 있었다. 아난시는 왕에게 달려가서 말했다.
　　"폐하, 나무를 가져왔습니다!"

왕은 나무가 도착한 것을 보고 매우 기뻐하며 말했다.

"잘했어, 아난시! 나무를 저 구석으로 넣어다오."

아난시는 나무를 넣으려고 했지만, 넣을 수가 없었다. 아무리 힘을 쓰고 애써봤지만 넣을 수 없었다. 그때 올드 콘치가 와서 말했다.

"폐하, 제가 나무를 가져왔습니다."

왕이 말했다.

"아니야! 아난시가 가져왔어. 하지만, 어쨌든 그 나무를 저쪽 구석에 넣어야 해, 그리고 너희 둘 중 누가 더 빨리 넣는지 보고 판단하겠다."

아난시가 먼저 나무로 갔지만, 옮기지 못했다. 그러자 올드 콘치가 나섰다,

> "길을 따라가라, 나무야, 따라가라!
> 긴 길을 따라가라, 나무야, 따라가라!
> 길을 따라가라, 나무야, 따라가라!
> 뛰어라, 나무야, 뛰어라!
> 뛰어라, 나무야, 뛰어라!
> 뛰어라, 내 나무야, 뛰어라!"

나무가 스스로 일어나서 구석으로 갔다. 왕은 아난시를 죽이려고 했지만, 잡지 못했다. 아난시는 돌 아래로 숨었다. 그들이 돌을 들어 올릴 때, 아난시는 문 틈새로 슬쩍 빠져나갔다!

민물 가재

Moses Hendricks, Mandeville.

한 부자 여인이 있었다. 그녀에게는 아이가 없었다. 그녀는 항상 아이를 입양하고 싶어 했다. 어느 날 아침 그녀는 평소처럼 강가에 목욕하러 갔다가, 예쁜 아기를 발견했다. 그녀는 너무 기뻐서 아기를 집으로 데려가 친자식처럼 키웠다. 그녀는 '타만티'라는 소녀를 고용해서 아이를 돌보게 했고, 아난시를 감시자로 고용해 소녀가 아이를 잘 돌보는지 지켜보게 했다.

어느 날 그녀는 외출해야 했기 때문에, 그들에게 아이를 돌보라고 맡기고 나갔다. 아난시는 항상 그 소녀 타만티를 골려주고 싶어 했다. 타만티는 집을 쓸고 있었고, 작은 아이는 빗자루를 가지고 놀고 있었다. 아난시가 소녀에게 눈짓을 하며 말했다.

"빗자루로 아이를 때려! 빗자루로 아이를 때려!"

소녀는 빗자루를 들어 아이를 때렸다. 아이는 강으로 달려갔다. 아난시와 타만티는 아이를 따라가며 외쳤다.

"돌아와, 나니! 돌아와!"

아이가 노래했다.

"아니요, 아니요, 타만티!
아니요, 아니요, 아난시!

나는 강에 사는 가재예요,
엄마가 없어요,
가엾은 나, 강에 사는 가재예요!
강이 내 엄마예요."
아이는 강으로 뛰어들어 가재가 되었다.

열두 명의 애꾸들

Henry Potiinger, Claremont, St. Anne.

한 여인과 그녀의 하녀가 매우 높은 산 위에 있는 궁전에서 살았다. 그 산에 올라갈 수 있는 사람은 어부 한 명뿐이었다. 하녀는 첫아들을 낳았다. 며칠 후, 그녀의 주인도 첫아들을 낳았다. 다음 날 아침, 어부가 올라와 두 아기를 보았다. 어부는 두 아기를 자신의 아들로 삼았다. 어부는 장미나무의 가지를 꺾어 땅에 심었다. 그러자 즉시 그곳에 아름다운 그늘을 드리우는 나무가 자랐다. 그 나무 아래에 어부는 두 아들이 당구를 치며 놀 수 있도록 금빛 탁자를 놓았다. 날마다 아이들은 나무 아래로 가서 당구를 치며 놀았다.

첫째 아들의 이름은 '아담'이었고, 둘째 아들의 이름은 '밥'이었다. 어느 날 아침 일찍 아담이 밥에게 말했다.

"오늘 나는 세상이 어떤 곳인지 보러 가겠어."

그는 말과 지팡이, 개를 불렀다. 그리고 말에 올라타고 떠났다. 그는 그날 종일 말을 타고 갔고, 밤이 되자 아름다운 빛이 언덕 꼭대기에 보였다. 그는 그 집으로 갔다. 문 앞에 한 여인이 그를 맞이했다. 여인은 그가 어디로 가는지 물었다.

"세상이 어떤 곳인지 보러 여행 중입니다."

여인이 그에게 말했다.

"여기서 나와 함께 머무는 것이 좋을 것입니다. 왜냐하면 열 명의 젊은이가 이 길을 지나갔지만 아무도 돌아오지 않았기 때문입니다."

그녀는 그에게 99개의 문을 열 수 있도록 100개의 열쇠를 주었다. 그러면서 100번째 문은 절대 열지 말라고 경고했다. 아담이 첫 번째 문을 열자 아름다운 것들이 보였다. 다음 문을 열자 더 아름다운 것들이 보였다. 그는 그렇게 99번째 문까지 열었다. 그는 100번째 문을 열지 말라는 조언을 들었지만, 그 안에 무엇이 있을지 너무도 궁금했다. 그는 100번째 문을 열었다. 그 안에는 아름다운 녹색 초원이 있었고, 그 위에 검은 말 한 마리가 안장과 재갈을 차고 서 있었다. 아담은 그 말에 올라탔다. 말이 한 번 뒷발을 차자 그는 궁전으로 떨어졌고, 거기에는 열 명의 젊은이가 열 개의 의자에 앉아 있었다. 두 개의 의자가 비어 있었고, 아무도 앉아 있지 않았다. 그는 한 의자에 앉았다. 이제 열한 명의 젊은이가 열한 개의 의자에 앉아 있었게 되었고, 모두 애꾸였다.

집에 남아 있던 동생 밥은 다음 날 아침 나무에서 가지를 꺾어 땅에 던졌다. 가지는 즉시 시들었다.

"형에게 재앙이 닥쳤구나!"

그는 암말을 불렀고, 지팡이를 들고 개를 불렀다. 그는 말에 올라타서 어머니에게 말했다.

"형이 죽었어요. 그가 어디에 있든 오늘 반드시 찾아야 해요."

그는 밤이 될 때까지 말을 타고 달렸다. 언덕에 불빛이 보였다. 언덕을 올라가자 같은 여인이 문 앞에서 그를 맞이했다. 그녀는 그가 어디로 가는지 물었다.

"형 아담을 찾으러 가는 중입니다."

여인은 그에게 말했다.

"열한 명이 여기 왔다가 같은 길로 갔고 다시 돌아오지 않았습니다. 의자 하나가 남았으니 그 위에 앉으세요!"

그녀는 그에게 99개의 문을 열 수 있도록 100개의 열쇠를 주었다. 100번째 문은 열지 말라고 말했다. 밥이 첫 번째 문을 열자 아름다운 것들이 보였다. 그는 99개의 문을 열었다. 한 개의 열쇠가 남았다.

밥이 말했다.

"100번째 문을 여는 것이 나에게는 더 나을 거야!"

그는 같은 검은 말을 보았는데, 세상에서 가장 아름다운 동물이었고 안장과 재갈이 달려 있었다. 그가 말에 올라타자 말이 뛰어올라, 그도 그의 형이 있는 궁전으로 떨어졌다. 그곳에는 그를 위해 의자가 준비되어 있었고, 그도 다른 열한 명과 같이 한쪽 눈만 가지게 되었다. 만약 그가 여인의 말을 들었더라면, 잃어버린 형을 찾으러 가지 않았을 것이다.

여인과 하녀는 아들들을 위해 슬퍼했지만, 가난한 어부만큼은 아니었다.

황금색 새와 사냥꾼

Elizabeth Hilton, Harmony Hall, Cock-pit country.

왕에게는 두 아들이 있었다. 첫째 아들이 사냥을 갔다가 예쁜 작은 새를 보았다. 한 노인이 그에게 말했다.

"이봐요, 왕자님, 그 새를 따라가지 마세요!"

왕자는 새가 예쁜 황금색 새임을 보고 여전히 그 새를 따라갔다. 그러다 그는 아무도 없는 곳으로 가게 됐는데, 그곳에는 오래된 오두막집만 있었다. 그가 들어가 보니 불이 활활 피어있었다. 그는 말을 묶어놓고 불 옆에서 몸을 녹였다. 배가 고파졌을 때 암퇘지와 새끼 돼지를 보았다. 왕자는 돼지들을 쏘아 잡았다. 왕자가 돼지를 불 옆에서 구워 먹고 있을 때, 한 노파가 다가와 말했다.

"왕자님, 불을 좀 빌려주세요."

왕자가 말했다.

"이리 와서 가져가세요."

노파가 말했다.

"개가 무서워요."

노파는 자기 머리카락 한 가닥을 뽑아 왕자에게 개를 매어 놓으라고 주었다. 왕자는 노파의 머리카락으로 개를 묶었다. 노파는 또 다른 가닥을 뽑아 말을 매어 놓으라고 주었다. 왕자는 말을 머리카락으로 묶었다. 왕자가 개와 말을

다 묶자, 그녀가 말했다,

"이제 고기 한 조각을 주세요, 왕자님."

왕자는 네 조각을 주었다. 노파가 말했다,

"그건 충분하지 않아요!"

노파는 왕자에게 뛰어들어 때리기 시작했다. 왕자가 외쳤다.

"개야, 개야, 도와줘!"

개가 말했다.

"도와드리고 싶지만 이미 쇠사슬에 묶여 있어요!"

왕자가 외쳤다.

"말아, 말아, 도와줘!"

말이 말했다.

"주인님, 도와드리고 싶지만, 이미 쇠사슬에 묶여 있어요!"

그리고 노파는 왕자를 죽였다.

다음 날, 둘째 왕자가 형이 집에 돌아오지 않는 것을 보고 그를 찾아 나섰다. 그가 노파의 집에 도착했을 때 똑같은 작은 새가 노래를 부르고 있었다. 왕자가 말했다,

"참 아름답구나! 저 새를 잡아야겠다!"

노인이 그에게 말했다.

"왕자님, 그 새와 함께 가지 마세요! 약 10일 전에 한 왕자가 지나갔는데 돌아오지 않았고, 그곳은 모든 왕과 귀족의 아들들이 길을 잃은 곳이에요."

왕자가 말했다.

"내 형이 어떻게 갔는지 알아보겠다."

그리고 같은 곳으로 가서 같은 낡은 오두막을 보았다. 그리고 안으로 들어갔고, 불이 활활 타고 있는 것을 보았다. 그는 들어가 불에 몸을 덥히며 암퇘지와 새끼 돼지를 보고 암퇘지를 쏘아 잡았다. 그러자 노파가 나와서 말했다.

"왕자님, 불을 좀 빌려주세요."

왕자가 말했다.

"이리 와서 가져가세요!"

노파가 말했다.

"당신의 말과 개를 묶으세요."

노파는 두 가닥의 머리카락을 뽑아 그에게 주었다. 그러나 왕자는 털을 불 속에 던져버렸다. 그는 머리카락이 불타는 소리를 들었다. 그러자 노파는 숲속으로 들어가 두 개의 녹색 가지를 뽑아 말과 개를 묶었다. 노파와 왕자와 싸우기 시작하자, 왕자가 개에게 외쳤다.

"개야, 개야, 도와줘!"

개는 줄을 끊고 노파를 물기 시작했다.

왕자가 말에게 외쳤다.

"말아, 말아, 도와줘!"

말이 달려와 노파를 짓밟기 시작했다. 노파는 그들에게 죽을 것 같다는 것을 깨닫고 말했다.

"왕자님, 저를 죽이지 마세요, 제가 보여드릴 게 있어요! 여기 보이는 모든 검은 돌을 들어 올리면, 내가 마법으로 돌로 변신시킨 모든 왕의 아들들과 아름다운 공주들을 찾을 수 있을 거예요. 그리고 당신의 형제와 말, 개도 찾을 수 있을 거예요."

왕자는 그녀를 죽이고 모든 돌을 들어 올려 형과 귀족들을 모두 되찾았다.

잭과 떠돌이 악마

Elizabeth Hilton, Harmony Hall, Cock-pit country.

잭은 대단한 도박꾼이었다. 아무도 그를 이길 수 없었다. 그는 떠돌이 악마와 내기를 하러 갔다. 잭은 첫 번째, 두 번째, 세 번째 게임을 이겼다. 떠돌이 악마는 네 번째와 다섯 번째 게임을 이겼다. 마지막 게임으로 떠돌이 악마가 잭에게 말했다.

"나는 너에게 단 한 가지만 요구하겠다. 3개월 안에 나를 찾아내라."

떠돌이 악마가 어디에 사는지 아는 사람은 아무도 없었고, 잭이 3개월 안에 그를 찾지 못하면 떠돌이 악마가 그의 목을 베어갈 것이었다. 그리고 떠돌이 악마는 잭이 어디에 사는지 알고 있었다.

잭은 초조해하며 어떻게 해야 할지 몰랐다. 그는 친구들 모두에게 물었지만, 그들은 떠돌이 악마를 모르고, 그가 어디에 사는지 알지 못한다고 했다. 그는 세상의 관리인에게 가서 떠돌이 악마가 어디에 사는지 물었다. 관리인이 말했다.

"그런 자와 어떻게 게임을 할 수 있단 말이오! 하지만 나는 모든 짐승들의 관리인이오. 아침에 종을 울리면 모두 모여들 테니 그들에게 떠돌이 악마를 아는지 물어보겠소."

아침에 관리인이 종을 울리자, 짐승들이 모두 모여들었다.

그러나 짐승들은 모두 떠돌이 악마를 모른다고 했다. 그러자 관리인이 말했다.

"어쩌면 좋겠나, 잭. 하지만 내 형이 여기서 삼백 마일 떨어진 곳에 사네. 내가 통을 굴리면 자네는 그 통을 따라가야 해. 통이 멈추는 곳이 내 형이 사는 곳일 거야."

아침에 관리인은 통을 굴렸고, 잭은 통을 따라갔다. 통은 관리인 형 집의 마당에서 멈췄고, 잭도 멈췄다. 그는 관리인 형에게 떠돌이 악마를 아느냐고 물었고, 형은 그런 사람은 모른다고 했다. 그러면서 그가 말했다.

"좋아, 나는 모든 바다 물고기의 관리자네. 아침에 종을 울리면 모든 물고기가 올 테니 그들에게 떠돌이 악마를 아느냐고 물어보겠네."

아침이 되자 그는 종을 울렸고, 물고기들이 모두 모여들었다. 그들은 떠돌이 악마 같은 남자는 모른다고 말했다.

잭은 초조해했다. 단 사흘만 지나면 석 달이 다 되어버릴 것이었다. 관리인의 형이 말했다.

"글쎄, 어떻게 해야 할지 모르겠군. 하지만 여기에서 이백 마일 떨어진 곳에 사는 또 다른 형이 있다네. 내일 내가 통을 굴리면, 그 통이 멈추는 곳이 바로 그곳일 거야."

다음 날 아침, 그는 통을 굴렸고 잭은 통을 따라갔다. 다른 형제에게 도착하자 형이 말했다.

"글쎄, 나는 떠돌이 악마라는 이름을 가진 그런 사람은 모르겠구나. 하지만 나는 일 년 내내 모든 새들의 관리인이야. 아침에 종을 울리면 새들이 올 테니 그들에게 '떠돌이 악마'를 아는지 물어보겠다."

아침이 되어 그가 종을 울리자, '꽥꽥이'라는 새 한 마리를 제외한 모든 새들이 모여들었다. 모두들 떠돌이 악마를 모른다고 했다. 잠시 후 꽥꽥이가 나타났다. 관리인이 왜 늦게 왔냐고 묻자, 꽥꽥이가 말했다.

"조금 전까지 떠돌이 악마의 마당에서 옥수수 몇 알을 줍고 있었거든요."

새들의 관리자가 잭에게 말했다.

"이 새만이 너를 떠돌이 악마의 마당으로 데려다줄 수 있겠구나."

잭은 소 한 마리를 잡아서 토막 내어 새 등에 얹고 자신도 함께 올라탔다. 잭은 새가 "꽥"할 때마다 고기 한 조각을 주었다. 꽥꽥이는 탐욕스러운 새였다. "꽥"하면 한 조각, "꽥"하면 한 조각 주다 보니 결국 소 한 마리를 다 주게 되었고, 더 줄 게 없어졌다. 잭은 새가 "꽥"하자 모자를 주었다. 또 '꽥'하자 장화를 주었다. 더 이상 줄 게 없어지자, 새는 그를 강가에 내버렸다.

잭이 그곳에서 울고 있을 때 한 노인이 다가와서 물었다.

"잭, 여기서 뭐 하고 있니?"

잭이 대답했다.

"저는 떠돌이 악마와 내기를 했어요. 그가 네 번째와 다섯 번째로 이겼고, 마지막 내기로 3개월 안에 그를 찾아내라고 했는데, 그 3개월이 오늘로 끝났어요."

노인이 말했다.

"자, 내가 조언해줄 테니 여기서 잠시 기다리거라. 그러면 떠돌이 악마의 두 딸이 목욕하러 오는 걸 보게 될 거다. 그 둘은 건드리지 말고, 세 번째 딸이 목욕하러 올 때 그녀의 옷을 가져다가 숨겨둬라. 그녀가 옷을 찾으러 나왔을 때 이렇게 말해라. '네 아버지가 나에게 속임수를 썼으니, 나도 너에게 속임수를 쓸 거야!'라고."

잭은 그대로 했다. 세 번째 소녀가 옷을 찾으러 왔을 때 잭이 말했다.

"네 아버지가 나한테 속임수를 썼으니, 나도 너에게 속임수를 쓸 거야!"

그러자 소녀는 잭에게 반해 아버지의 모든 비밀을 털어놓으며 말했다.

"잭, 당신이 우리 아버지 문 앞에 갔을 때 그가 들어오라고 해도 절대 문으로 들어가지 마세요. 당신 목을 베려고 칼을 준비해 놓을 테니까요. 그가 와서 직접 문을 열어주게 하세요."

그래서 잭이 떠돌이 악마의 마당에 갔을 때, 악마가 말했다.

"정말 영리한 녀석이구나, 잭! 문을 열고 들어와라."

잭이 말했다.

"아니요, 당신이 와서 열어주세요."

악마가 와서 문을 열었다.

악마가 말했다.

"3달 만에 나를 찾아낼 만큼 영리하니, 다른 일을 하나 더 시키겠다."

그는 빈 우물에 금반지를 떨어뜨리며 말했다.

"가서 그걸 건져 오너라."

잭이 갔을 때 우물은 물로 가득 차 있었다. 불쌍한 잭은 굶주리며 울고 있었다. 그때 잭은 소녀가 아침밥과 마체테 칼이 든 가방을 들고 오는 것을 보았다. 그녀가 물었다.

"왜 울고 있어요, 잭?"

잭이 말했다.

"당신 아버지가 내가 할 수 없는 일을 시켰거든요."

그녀가 물었다.

"무슨 일인데요?"

잭이 말했다.

"우물이 비어 있을 때 반지를 떨어뜨렸는데, 내가 주우러 갔을 때는 물이 가득 차 있었어요."

그녀가 말했다.

"자, 당신이 해야 할 일은 이 마체테를 가지고 지금 나를 조각조각 잘라내는 거예요. 그러면 내가 사다리가 될 거예요. 그리고 당신이 돌아올 때, 모든 조각을 주워 이 가방에 넣어야 해요. 그러면 나는 다시 원래의 모습대로 될 거예요."

잭은 도저히 그럴 수 없다고 했지만, 그녀가 억지로 시켜서 결국 그렇게 했다. 그는 그녀를 조각내어 잘라 내려놓았고, 그녀는 사다리가 되었다. 잭을 사다리를 타고 내려가 반지를 찾았다. 잭은 사다리를 올라올 때마다 한 조각씩 가방에 넣었다. 그런데 마지막 한 조각을 잊고 남겼다. 그래서 소녀는 원래 모습으로 돌아왔지만, 손가락 마디 하나를 잃게 되었다. 하지만 그녀는 말했다.

"그건 신경 쓰지 말아요, 잭!"

잭이 반지를 떠돌이 악마에게 가져가자 악마가 말했다.

"네가 그렇게 영리하니 다른 일을 주마. 비둘기 깃털로 이 집의 지붕을 덮어라."

잭이 울고 있을 때 소녀가 옥수수 통을 들고 오는 게 보였다. 그녀가 말했다.

"자, 잭, 이 옥수수를 집 주변에 뿌리세요. 그러면 비둘기들이 먹으러 올 거예요. 그러면 깃털을 뜯어서 지붕을 덮으세요."

잭이 그대로 했다. 악마가 말했다.

"네가 참 영리하구나. 한 가지 일을 더 시키마. 그 일을 마치면 네게 자유를 주마."

그리고 재갈을 주며 말했다.

"목장에 가서 내 말을 잡아 오너라."

잭이 목장에 가보니 그곳은 엄청나게 넓은 바다였다. 잭이 울고 있을 때, 소녀가 총과 돌을 들고 오는 게 보였다. 그녀가 말했다.

"울지 말아요, 잭! 재갈과 돌을 가져가요. 총을 쏘고 돌을 들고 바다로 뛰어들어요. 그러면 말이 와서 재갈에 머리를 들이밀 거예요. 내 할아버지가 여기 묻히셨거든요."

잭이 말을 데리고 돌아오자 떠돌이 악마가 말했다.

"참으로 영리한 녀석이구나. 내 딸 중 한 명을 아내로 주마."

그는 세 딸을 똑같이 차려 입히고 화려한 무도회를 열었다. 춤추는 동안 가장 사랑하는 딸을 고르라고 했다. 소녀는 각자 다른 나뭇가지를 달고 춤추겠다고 말하며 자신이 달 나뭇가지를 알려주었다. 그래서 잭은 막내딸을 골랐다. 악마는 그녀가 너무 어리다며 절대 줄 수 없다고 했지만, 잭은 그녀만이 자신이 사랑하는 유일한 사람이라고 했고, 악마는 약속을 어길 수 없어 결국 그녀를 주어야 했다. 그들은 목사를 불러 결혼식을 올렸다.

그날 밤 아내가 말했다.

"잭, 오늘 밤 아버지가 당신을 죽이려 할 거예요."

잘 시간이 되자, 아내는 울음소리를 내는 나무 인형 두 개를 만들어 침대에 넣어 놓았다. 그들은 목장으로 가서 악마가 가진 가장 좋은 승마용 말을 타고 집으로 향했다. 악마는 끓는 물이 담긴 냄비를 굴뚝을 통해 던져 침대 위로 쏟아부었다. 아기 울음소리를 듣고 목을 베러 갔지만, 악마는 나무 인형 두 개만 있는 것을 보았다. 그래서 악마는 그들을 쫓아갔다. 말의 이름은 '유연한 잭'이었다. 아내가 잭에게 말했다.

"뒤를 돌아봐요, 뭐가 보이는지 봐요!"

잭이 말했다.

"당신 아버지가 말꼬리까지 따라붙었어!"

그녀가 말했다.

"이 옥수수 알갱이를 던져요, 그러면 아버지가 지나갈 수 없는 숲이 될 거예요."

옥수수 알갱이를 던지자 단숨에 옥수수 숲이 생겼다. 악마는 집으로 돌아가 도끼를 가져와 숲을 베어냈다. 아내가 다시 말했다.

"자, 자, 뒤를 돌아봐요, 잭, 뭐가 보이는지 봐요!"

잭이 말했다.

"당신 아버지가 말꼬리까지 따라붙었어요!"

그녀가 말했다.

"이 땀을 가지고 당신 뒤에 떨어뜨려요. 그러면 그가 건널 수 없는 큰 강이 될 거예요."

악마는 집으로 돌아가 국자를 가져와서 물을 퍼 올렸지만, 강물을 다 퍼낼 수 없었다. 악마는 결국 익사했다. 그는 더 이상 갈 수 없었다!

아내가 잭에게 말했다.

"당신은 집을 오래 떠나있었으니, 오늘 나를 데려가지 마세요. 숙소에 남겨두고 내일 나를 데리러 오세요. 하지만 누구와도 입맞춤하면 안 돼요. 누군가와 입 맞추면 나를 잊고 영원히 기억하지 못할 거예요."

그래서 잭은 혼자 집으로 돌아왔다. 어머니와 누이들, 모두가 그에게 입을 맞추려 했지만, 그는 거절했다. 그러나 소파에 누워 잠든 그에게 애완견이 다가와 입을 맞췄다. 잭은 그 후 4년 동안 아내를 전혀 기억하지 못했다.

어느 날 마을에서 큰 잔치가 열렸다. 그것은 바로 잭의 결혼식 전야제였다. 잭은 바로 다음 날 다른 여자와 결혼할 참이었고, 신부와 함께 잔치에 참석했다. 첫 아내는 창가에 앉아 슬퍼하고 있었다. 사람들이 그녀에게 잔치에 함께 가자고 권했다. 그녀는 가지 않겠다고 했지만, 사람들은 억지로 데려갔다. 모두가 잔치를 즐기고 있을 때, 사람들은 그녀에게 재미있는 공연을 해달라고 했다.

그녀는 공연을 하기 위해 앞으로 나왔다. 그녀가 왼쪽 옆구리를 두드리자 수탉이 나왔다. 오른쪽을 두드리자 암탉이 나왔다. 배를 두드리자 옥수수 알갱이가 나왔다. 수탉이 암탉에게서 옥수수를 빼앗았다. 암탉이 말했다.

"꺼져, 이 배은망덕한 수탉아! 네가 우리 아버지 마당에 들어왔을 때, 아버지가 너에게 일을 시켰는데도 못했잖아. 아버지가 우물에 금반지를 떨어뜨렸을 때도 꺼내지 못하고, 나를 갈가리 찢어댔지. 나는 내 새끼손가락 마디 하나를 잃었어!"

그녀가 다시 두드리자 또 다른 옥수수 알갱이가 나왔다. 수탉이 암탉에게서 그것을 빼앗았다. 암탉이 말했다.

"그만둬, 이 배은망덕한 수탉아! 네가 우리 아버지 마당에 왔을 때, 아버지가 너에게 비둘기 깃털로 집 지붕을 덮으라는 일을 맡겼는데, 네가 그 일을 해내지 못했잖아! 내가 대신해 줘야 했어!"

잭이 말했다.

"뭔가 기억났어!"

그녀가 다시 배를 두드리자 또 다른 옥수수 알갱이가 나왔다. 수탉이 그것을 먹어 치웠다. 암탉이 말했다.

"꺼져, 이 배은망덕한 수탉아! 네가 우리 아버지 마당에 왔을 때, 아버지가 말고삐를 주며 말을 잡으러 가라고 했는데, 네가 잡지 못해서 내가 방법을 가르쳐 줘야 했잖아!"

잭이 말했다.

"이제야 내 잘못이 기억났어!"

잭은 달려가 그녀의 발치에 엎드려 용서를 빌었다. 그리고 그는 사람들에게 말했다.

"어떤 사람이 열쇠를 잃어버리고 새 열쇠를 사려다가, 원래 열쇠가 여전히 쓸 만하다는 걸 알았지. 그러자 모두가 새 열쇠를 살 필요가 없다고 말했어."

잭이 말했다.

"자, 이 여자가 바로 내가 4년 동안 잊고 있던 내 아내야. 이제야 찾았어!"

그는 그녀를 마차에 태우고 집으로 돌아갔다. 다른 여자는 그대로 두고 왔다. 그리고 그들은 영원히 행복하게 살았다.

마법의 모자와 생명의 지팡이

Maud Baker, Dry River, Cock-pit country.

한번은 잭의 아내가 그에게 소를 팔라고 주며, 그 소가 20파운드라고 말했다. 세 남자가 그 소를 싼 가격에 사자고 모의했다. 그들은 서로 다른 길가에 숨었다. 한 남자가 나와 잭에게 염소를 팔려고 하냐고 물었다.

잭이 말했다.

"아니요, 이봐요, 이건 소예요, 염소가 아니에요! 제 아내가 소라고 했으니까 염소로 팔 수 없어요."

남자는 잭에게 그의 아내가 그를 바보로 만들고 있다고 말하면서, 염소 한 마리에 1달러를 주겠다고 했다. 잭은 거부했다. 그가 몇 마일을 더 가자 두 번째 남자가 나와 첫 번째 남자가 말한 모든 것을 반복했다. 잭은 소를 팔기를 거부하고 계속 걸어갔다. 몇 마일 더 가자 세 번째 남자가 나와서 그에게 3달러를 줄 테니 염소를 팔라고 했다. 세 남자가 계속 그렇게 말하니 잭은 아내에게 속았다고 생각했다. 화가 난 잭은 그 남자가 제시한 3달러를 받아서 집으로 돌아갔다. 그는 아내에게 이 모든 일은 염소를 소라고 말하며 자신에게 준 아내 때문이라고 말했다. 아내는 화를 내며 그에게 소를 판 돈 20파운드를 받을 때까지는 잭과 말도 하지 않겠다고 말했다.

잭은 3달러를 들고 깊은 생각에 잠겨 길을 나섰다. 그는 한 가게에 들어가 위스키 한 병을 주문했다. 위스키 가격은 1달러였다. 돈을 지불한 후 잭은 가게 주인에게 자신이 돌아올 때까지 그걸 보관해달라고 요청했고, 주인은 알겠다고 했다. 그는 두 번째 가게로 가서 위스키 한 병을 1달러에 사고, 다시 주인에게 자신이 돌아올 때까지 보관해 달라고 요청했다. 세 번째 가게로 가서 위스키 한 병을 더 사고 점원에게 그대로 보관해두라고 요청했다. 잭은 가게를 나와 3마일쯤 걸어가다 아내의 소를 훔친 세 남자를 만났다. 잭이 그들에게 '가게에 가서 함께 술 한잔할 수 있겠냐'고 물었고, 그들은 좋다고 했다. 가게에서 가서 잭은 위스키 한 병을 주문했고, 네 사람은 잔에 따르며 모두 마셨다. 잭은 모자를 벗어 카운터에 두드리면서 말했다.

"이건 충분히 지불했어!"

점원이 대답했다.

"알겠어, 잭, 우리는 알고 있어."

밖으로 나오자 세 남자는 잭이 위스키값을 지불하지 않았는데도 점원이 그가 지불했다고 믿는 이유를 알고 싶어했다. 잭은 모자를 카운터에 두드리면 그가 지불했다고 믿게 된다고 설명했다. 그들은 잭이 다음 가게에 가서 같은 일을 할 수 있는지 내기했고, 잭은 할 수 있다고 말했다. 그는 두 번째 가게로 들어가 위스키 한 병을 주문했고, 네 사람은 모두 마셨다. 잭이 모자를 벗어 카운터에 두드리며 다

지불했다고 말했다. 점원이 대답했다.

"네, 잭, 잘 받았어요."

그들은 마지막 가게로 가서 세 번째 병을 주문하고 같은 일을 반복했다. 그들은 그가 어떻게 그런 일을 할 수 있는지 궁금해하며 모자를 사겠다고 제안했다. 잭은 처음에는 거절했다. 그러다 그는 모자값으로 100파운드를 요구했고, 세 사람은 돈을 모아 잭에게 주었다. 잭은 모자를 주고 100파운드를 받아 아내에게 가져갔다. 그녀는 이제 매우 기뻐했다.

세 사람은 모자를 가지고 가서 그 모자로 무엇을 살 수 있는지 시도해 봤다. 몇 가지를 산 후 한 사람이 모자를 사용해 봤지만 성공하지 못했다. 다른 두 사람이 그를 비난하며 잭이 모자를 그렇게 사용하지 않았다고 말했다. 두 번째 남자가 모자를 가져가서 들어갔지만, 점원은 화가 나서 경찰을 부르려고 했다. 그들은 그곳에서 주문한 비용을 모두 지불해야 했다. 그러자 큰 소동이 일어났고, 다른 두 사람은 "그게 잭이 모자를 사용한 방식이 아니야"라고 말했다. 마지막으로 세 번째 남자가 시도했지만 성공하지 못했다. 그들은 이제 잭에게 속은 것을 알고 잭을 잡아서 죽이겠다고 위협했다.

잭은 무슨 일이 일어날지 알고 있었고, 아내에게 속임수를 쓸 거라고 말했다. 그는 침대에 누웠고, 아내는 세 남자가 오는 것을 보자 울기 시작했다. 그들은 무슨 일이냐고 물었고, 아내가 대답했다.

"남편이 죽었는데 그를 묻어줄 사람이 없어요."

그들이 말했다.

"악마의 짓이군! 이미 죽었어야 했어!"

그들은 잭을 보아야겠다고 했다

잭은 침대에 누워 죽은 듯이 있었다. 침대 옆에는 지팡이가 있었다. 한 남자가 말했다.

"그래, 너를 죽이려고 찾았는데, 이미 죽었다니 다행이네!"

그리고 그는 옆에 있던 지팡이를 들어 잭을 힘껏 내리쳤다. 잭은 벌떡 일어나서 그들에게 말했다.

"이것은 생명의 지팡이입니다! 이 지팡이가 죽은 나를 살렸어요!"

그의 아내는 남편이 다시 살아나자 매우 기뻐했다. 세 명의 바보는 이제 잭에게 그 지팡이를 팔라고 요구했다. 잭은 거부했지만, 그들이 간청하자 결국 파는 것에 동의했다. 그들은 그 지팡이가 '생명의 지팡이'이기 때문에 잭에게 150파운드를 주었다.

남자들은 마을을 돌며 죽은 사람을 살릴 수 있다고 광고하기 시작했다. 왕의 딸이 죽었다. 그들은 왕의 집으로 가서 죽은 사람을 살릴 수 있다고 말했고, 왕은 기뻐하며 그들을 딸이 죽어 누워 있는 안으로 데려갔다. 그들은 지팡이로 그녀를 때리며 외쳤다.

"공주님, 죽은 자들로부터 일어나세요!"

하지만 아무 일도 일어나지 않았다. 왕은 화가 나서 화로를 뜨겁게 달구게 하고 그들을 화로에 던져 넣도록 명령했다. 그것이 세 남자의 최후였고, 이로써 잭은 그들을 완전히 사라지게 한 것이다.

그린 영감과 잭

Thomas Williams, Harmony Hall, Cock-pii country.

'그린 영감'은 부자 노인이었는데 평생 결혼하지 않았다. 잭은 가난한 청년이었다. 잭은 결혼을 준비 중이었지만 돈을 벌기가 어려웠다. 그래서 잭은 그린 영감에게서 돈을 뜯어내기로 했다. 그래서 잭은 결혼식 날을 정하고 그린 영감을 초대했다. 결혼식 날이 되자, 잭은 요리사와 손님들을 매수했다. 그는 부엌에 불을 활활 피우고 모든 음식을 잘 요리하게 했다. 그리고 마당에 자리를 마련해서 모든 손님들을 자리에 앉게 하고 그릇과 큰 돌들을 배치했다. 큰 돌들마다 불에서 막 꺼낸 뜨거운 솥을 올려놓았다. 돌 밑에선 불을 피우지 않았다. 솥들은 모두 꼭 닫아 열기가 새어나가지 못하게 했다. 손님들은 교회에서 나와 식사하러 왔다. 식사 시간이 거의 다 되어서 누군가 말했다.

"어이! 식사 시간이 다 됐는데 왜 아무것도 안 하고 있나? 모든 솥이 돌 위에 올려져 있는데 불도 안 피웠잖아!"

손님들은 모두가 무슨 일이 벌어질지 알고 있었기에 이렇게 말했다.

"걱정하지 마세요, 친구들. 조용히 하세요. 곧 식사할 거예요!"

손님들이 말했다.

"알겠소, 이건 참 이상한 결혼식이군!"

식사 시간이 되자 신랑인 잭이 나와서 말했다.

"친구들, 곧 식사를 할 겁니다. 내게는 마법의 조개와 채찍이 있으니, 내가 명령하면 그대로 실행될 겁니다."

시간이 되자 그는 일어나 조개와 채찍을 들고 마당에 놓인 돌 위의 솥들 사이로 나갔다. 그리고 "토-후, 토-후, 토-오!"하고 조개를 분 뒤 채찍을 휘두르며 외쳤다.

"솥들아, 끓어라!"

잭은 이것을 두 번 반복한 뒤 외쳤다.

"집사와 요리사들, 각자 자리로!"

집사와 요리사들이 각자 제자리를 찾아 맡은 일을 시작하자, 잭이 그곳에 서서 말했다.

"자, 요리사들, 음식을 접시에 담아 집사에게 건네시오!"

손님들은 모두 놀라움과 경이로움으로 바라보며 어떻게 될지 지켜보았다. 솥뚜껑을 들자마자, 모든 솥에서 김이 솟구치며 음식이 완벽하게 익어 있었다!

그린 영감은 자신도 결혼하겠다고 하면서, 그 조개와 채찍을 사겠다고 했다.

"조개와 채찍을 얼마에 팔겠나, 잭?"

잭이 말했다.

"오, 그린 영감님, 내 모자에 가득한 돈이면 됩니다."

그의 모자는 아주 컸다. 그린 영감은 은행에 가서 모자 가득 금은과 지폐, 그리고 모자를 채울 수 있는 모든 것을 가져오라고 했다.

그린 영감은 어떻게 미리 요리가 되었는지 몰랐고, 어떻게 했는지 묻지도 않았다. 잭은 단지 "조개를 불고 채찍을 휘두르면 모든 것이 익는다"라고만 말해줬다.

그린 영감의 결혼식이 다가오자 그는 초대장을 보내고 결혼식을 할 준비를 했다. 그는 가축을 잡아 해체해서 찬물에 담가 냄비에 넣은 뒤, 마당에 있는 차가운 돌 위에 올려놓았다. 식사 시간이 되자 그가 말했다.

"친구들, 조용히 해. 곧 점심을 먹을 거야."

그린 영감이 잭이 전에 했던 것과 똑같이 했지만, 아무 일도 일어나지 않았다. 요리사가 뚜껑을 열자, 모든 것이 넣었을 때와 똑같이 날 것 그대로였다.

그린 영감이 말했다.

"세상에! 저 잭 녀석이 날 속였어. 어디서 그를 찾을 수 있을까!"

그러자 누군가 잭이 집에 있다고 말했다.

잭은 무슨 일이 벌어질지 알고 있었다. 그는 숨지 않았다. 누구든 잭을 볼 수 있었다. 경찰과 수레가 와서 잭을 체포해 가방에 던져 넣어서 그린 영감에게 데려갔다. 그린 영감이 말했다.

"네 목숨을 원한다! 자, 저놈을 바다로 데려가서 빠뜨려 죽이시오."

잭을 태운 수레가 바다 근처 다리를 건너가던 중, 잭이 마부에게 말했다.

"나를 데려가면서 당신의 소중한 황금 채찍을 잊었네요! 길가의 물통 위에 나를 내려놓고, 채찍을 가지러 가세요."

마부가 채찍을 가지러 간 동안, 잭은 자루 안에서 울부짖기 시작했다.

"왕이 되고 싶지 않아! 나 왕 되러 가는 거 싫어! 왕 되기 싫어!"

그때 지나가던 한 가난한 노인이 울음소리를 듣고 멈춰 섰다. 그는 양을 몰고 목장으로 가던 목동이었다. 노인이 말했다.

"이봐! 이런 멍청한 젊은이를 보겠나! 젊은이, 왕 되러 가는 게 싫으면 나와서 내가 대신 가게 해줘!"

노인이 수레에 뛰어올라 자루를 풀자, 잭이 자루에서 나왔다. 잭은 재빨리 노인을 자루에 밀어 넣고 묶은 뒤, 양 떼를 몰고 갔다. 마부가 돌아와서 자리에 앉아 노인을 실은 수레를 몰았다. 바다에 다다르자 자루를 들어 올려 노인을 던져버렸다. 노인은 익사했다. 그 후, 마부는 그린 영감 집으로 돌아왔다. 그린 영감이 물었다.

"그놈을 익사시켰나?"

"예."

"이 악당 같은 놈!"

며칠 뒤, 그린 영감이 마을 길을 가는데 앞쪽에서 큰 양 떼가 오는 소리가 들렸다. 그런데 잭의 목소리도 들렸다. 그린 영감이 말했다.

"저 목소리는 잭의 목소리가 아닌가?"

양 떼에 다다르자, 양들은 지나가고 잭이 나타났다. 그린 영감은 잭을 보고 말했다.

"멈춰, 잭!"

잭이 말했다.

"네, 영감님?"

"너, 살아 있었구나?"

"네, 영감님! 그런데 만약 영감님이 저를 더 멀리 던져주셨더라면, 금과 다이아몬드를 얻었을 텐데요! 영감님이 던져주신 곳엔 양과 염소밖에 없었어요!"

그린 영감이 말했다.

"좋아, 꼬마야! 내가 다 용서해 주마, 가서 금과 다이아몬드가 있는 곳을 보여다오!"

그렇게 거래가 이루어졌다. 잭이 직접 수레를 몰았다. 얕은 곳에 이르자 잭이 말했다.

"여기가 양과 염소가 있는 곳입니다."

그린 영감이 말했다.

"그런 건 필요 없어! 어서 금과 다이아몬드 있는 곳으로 가!"

잭은 가방을 들고 더 나아가서, 그를 깊은 바다에 던져 익사시켰다. 그리하여 탐욕스러운 그린 영감은 그렇게 죽었고, 잭은 그의 재산을 모두 차지했다.

큰 베검과 작은 베검

Emily Alexander, Mandeville.

'큰 베검'과 '작은 베검'이라는 두 아들이 있었다. 큰 베검은 매우 부자였고, 작은 베검은 매우 가난했다. 어느 날, 작은 베검은 돈이 든 가방을 발견하고 돈을 세기 위해 큰 베검에게 프라이팬을 빌려달라고 했다. 큰 베검은 매우 질투가 많았고, 작은 베검이 잘되는 것을 보고 싶지 않았다. 그래서 그는 작은 베검이 프라이팬을 무엇에 쓰는지 궁금했다. 그래서 그는 확인하기 위해 기름을 가져다가 팬의 바닥에 발랐다. 작은 베검은 프라이팬으로 돈을 다 세고, 팬 바닥에 동전이 붙어 있는 것을 확인하지 않고 팬을 큰 베검에게 돌려주었다. 큰 베검은 팬에 붙어있는 돈을 보고 놀라며 작은 베검이 어디서 이 돈을 얻었는지 알고 싶었다. 그래서 그는 작은 베검에게 말하지 않으면 죽이겠다고 위협했다.

그러자 작은 베검은 자신이 세 마리의 말을 도축해서 고기를 시장에 가져가 걸어놓고 "신선한 고기 팔아요, 한 덩이에 1파운드!"라고 외쳤다고 말했다. 큰 베검은 집으로 돌아가 세 마리의 말을 도축해서 고기를 시장에 가져가 똑같이 소리쳤지만, 아무도 사러 오지 않았다. 그래서 그는 매우 실망했다.

그는 집으로 돌아가 작은 베검을 불러 가방에 넣고 나무에 묶어 자신이 돌아올 때까지 기다리게 했다. 작은 베검은 그곳에 있다가, 양 떼를 몰고 가는 남자를 보고 소리쳤다. 남자가 다가와 무슨 일이냐고 물었다. 작은 베검은 큰 베검이 자신에게 오라고 했지만, 자신은 가고 싶지 않다고 말했다. 양 떼를 몰고 가던 남자는 자신이 가고 싶다고 말했다. 작은 베검은 가고 싶으면 자신을 가방에서 꺼내달라고 말했다. 그러자 남자는 가방을 열고 작은 베검을 꺼내주고 자신이 들어갔다. 작은 베검은 가방을 가능한 한 단단히 묶었다. 남자는 작은 베검에게 양 떼를 돌봐달라고 말했다. 그래서 작은 베검은 남자를 그곳에 남겨두고 양 떼를 이끌고 떠났다.

그러자 큰 베검이 칼을 들고 와서 가방을 잘게 토막 냈다. 그는 그것이 작은 베검이었다고 믿고, 가방을 땅에 묻었다. 그렇게 가방을 묻고 나서, 큰 베검은 휘파람으로 신나는 노래를 부르며 모퉁이를 돌아갔다. 그는 작은 베검을 죽였다고 생각해서 아주 기분이 좋았다. 하지만 그가 모퉁이를 돌자, 작은 베검이 양 떼와 함께 있었다. 큰 베검은 매우 놀라서 말했다.

"너냐, 작은 베검? 방금 전에 너를 잘게 잘라서 묻었다고 생각했는데!"

작은 베검이 말했다.

"만약 형이 나를 조금 더 잘게 잘라서 조금 더 깊이 묻었다면, 양 떼 대신 소 떼를 얻을 수 있었을 텐데!"

그러자 큰 베검은 작은 베검에게 자신을 아주 잘게 잘라서 더 깊게 묻어달라고 부탁했다. 그렇게 하면 자신이 소떼를 얻을 수 있을 거라고 생각했다. 그래서 작은 베검은 그를 아주 잘게 잘라서 깊게 묻었다. 그게 바로 큰 베검의 끝이었다!

바보 형과 현명한 동생

Emily Alexander, Mandeville.

옛날에 어떤 여자에게 두 아들이 있었다. 형은 매우 어리석었고 동생은 매우 현명했다. 현명한 동생은 양을 돌보는 일에 고용이 되었고, 어리석은 형은 집에서 어머니를 돌봤다. 어느 날 어머니가 매우 아프게 되자, 현명한 동생은 일을 그만두고 집으로 돌아가야 했다. 그래서 그는 어리석은 형에게 양을 돌보라고 보냈다. 어리석은 형은 지팡이를 들고 양의 다리를 부러뜨려 집 마당에 데려왔다.

현명한 동생은 어머니를 위해 불 위에 목욕물을 데우고 있었다. 물은 매우 뜨거웠다. 현명한 동생은 양주인에게 양에게 일어난 일을 설명하고 용서를 구하기 위해 갔다. 그는 어리석은 형에게 불에서 냄비를 내려 어머니 목욕을 시키라고 말했다. 어리석은 형은 냄비를 내려 어머니를 욕조에 넣고 뜨거운 물을 부어 어머니를 죽게 했다.

현명한 동생은 집에 돌아와 어머니가 죽은 것을 발견하고 매우 실망했다. 양주인이 어머니가 죽으면 양값으로 땅을 빼앗겠다고 했기 때문이었다. 결국 양주인은 땅을 빼앗았고, 그들에게 철문만 남겨두고 떠났다. 두 형제는 철문을 등에 메고 여행을 시작했다. 그들이 나무에 도착해 쉬려고 앉았을 때, 강도 무리가 다가오는 것을 보았다. 그래서 두 형제는 철문을 들고 나무 위로 올라갔다. 강도들은 나무 아래에 앉아 음식을 먹기 시작했다. 하지만 그들은 커스터드 소스도 식초도 없었다. 강도들은 식초가 있었으면 좋겠다고 말했다. 그러자 나무에 있던 어리석은 형이 말했다.

"동생아, 식초를 주고 싶어!"

그러자 동생은 "그렇게 해요"라고 말했고, 형은 식초를 흘려보냈다.

아래에 있던 강도들이 나무에서 액체가 내려오는 것을 보니 식초였다. 강도들은 그릇을 들고 일부를 받으며 말했다.

"하나님 감사합니다! 신께서 우리에게 식초를 보내주셨다."

다시 어리석은 형이 말했다.

"커스터드를 주고 싶어!"

그래서 그는 커스터드를 내려보냈고, 강도들은 커스터드를 받고 말했다.

"신께 감사드립니다! 신께서 우리에게 커스터드를 내려주셨다."

그러다 나무에 있던 두 형제는 철문을 잡고 있는 것이 너무 힘들어 떨어뜨렸다. 강도들은 너무 놀라서 모든 것을 두고 도망갔고, 두 형제는 나무에서 내려와 남은 돈을 모두 챙기고 칼을 들었다.

강도들은 한 명을 보내서 무슨 일인지 알아보라고 했다. 두 형제는 칼로 그의 혀를 자르고 그를 돌려보냈다. 강도들이 동료를 보고 달려가서 무슨 일이냐고 물었다. 그는 그들에게 "비아, 블라, 블라!"라고만 말할 수 있었다. 그들은 너무 놀라 도망치기 시작했고, 혀가 잘린 강도는 그들을 따라가며 "블라! 블라! 블라!"라고 소리쳤다. 그들은 숨이 차서 쓰러져 더 이상 움직일 수 없을 때까지 도망갔다.

소년과 인어

Emily Alexander, Mandeville.

한 소년이 강에 목욕하러 갔다가 바다로 떠내려갔다. 그 후로 소년의 부모는 그의 소식을 듣지 못했다. 소년은 떠나기 전에 만약 강에 가면 익사할 것이라는 말을 들었었다. 하지만 그는 똑똑한 소년이었다. 인어가 나타나 그를 데리고 바다 밑으로 가서 몇 가지 질문을 했다.

"물고기를 먹었니?"

소년이 대답했다.

"아니요."

인어가 또 물었다.

"소고기를 먹었니?"

소년이 대답했다.

"아니요."

"양고기를 먹었니?"

"아니요."

"돼지고기를 먹었니?"

"아니요."

만약 그가 "예"라고 말했다면 인어는 그를 죽였을 것이다. 왜냐하면 인어의 몸은 물고기, 소고기, 양고기, 돼지고기로 이루어져 있었기 때문이다. 그가 그중 어떤 것도 먹지 않았기 때문에, 인어는 소년을 해안으로 데려가 던져버렸다. 한 양이 그를 건져냈다. 양의 주인은 그에게 어디서 왔는지, 이름이 무엇인지 등 몇 가지 질문을 했다. 소년은 질문에 대답했고, 양주인은 소년을 집으로 데려갔다. 가족들은 그를 보고 너무 기뻐서 친구들을 초대해 함께 즐기고 축하했다.

어려운 과제

Julia Gentle, Santa Cruz Mountains.

어떤 부자가 아이를 하나 데리고 살았는데, 그 부자는 자식이 없었다. 부자는 자신이 죽으면 그 아이가 모든 재산을 상속받을 것이라 생각했다. 그래서 그는 아이를 죽이기로 결심하고, 부자는 쌀을 한 통 뿌려놓고 아이에게 자신이 돌아올 때까지 모든 쌀알을 주워야 한다고 말했다. 쌀알을 다 줍지 못하면 죽이겠다고 했다. 아이가 어쩔 줄 모르고 있을 때, 죽은 어머니가 나타나 쌀알을 모두 주워주었다. 소년이 모든 쌀을 주워 모으자, 부자가 말했다.

"너는 내 모든 재산을 차지하려는 거냐!"

그는 소년에게 유령의 마을로 가서 종을 하나 가져오라고 명령했다. 죽은 어머니는 소년과 함께 갔다. 어머니는 소년에게 유령들이 자고 있을 때 종을 가져와야 한다고 말했다. 소년은 유령들이 있는 마을 중앙으로 가서 종을 집어 들고 달려 나왔다. 그러자 종소리에 잠을 깬 유령들이 소년을 쫓아 왔다. 소년은 집으로 곧장 달려가지 않고, 네 개의 길이 난 교차로로 달려갔다. 그러자 소년을 쫓던 모든 유령들이 교차로에서 흩어졌다. 하나는 한 교차로로, 다른 하나는 다른 교차로로 갔다. 소년은 종을 들고 주인에게 달려갔다. 그렇게 종을 들고 집으로 돌아오자, 부자가 말했다.

"내가 어떻게 해야 할지 모르겠다! 네가 내 재물을 차지할 거야!"

그는 가장 날카로운 칼을 들고 소년에게 무딘 칼을 주며 말했다.

"이제 칼로 결투하자!"

소년은 무딘 칼로 남자를 죽이고 모든 재물을 얻었다.

은혜 갚은 동물들

James Smith, Claremont, Si. Anne.

한 가난한 남자가 여행 중에 개, 사자, 까마귀, 개미들이 죽은 동물의 고기를 두고 싸우는 것을 보았다. 남자가 가진 것이라고는 칼 한 자루뿐이었다. 남자가 동물들에게 말했다.

"내가 도와줄 수 있는지 한번 해보겠소."

그는 고기를 네 조각으로 나누어 사자에게 한 조각, 개에게 한 조각, 까마귀에게 한 조각을 주고 마지막 조각을 개미들에게 주었다. 사자가 말했다.

"좋은 사람아, 너의 친절에 보답할 것이 없지만, 어떤 어려움에 처하면 사자를 부르라. 그러면 너는 사자보다 열 배나 강해질 것이다."

개가 말했다.

"어떤 어려움이 생기면 '회색 개'라고 말하면 개보다 열 배 더 빠르게 될 것입니다."

까마귀가 말했다.

"'회색 까마귀'라고 말하면 까마귀보다 열 배 더 높이 날 수 있을 것입니다."

개미들이 말했다.

"'회색 개미'라고 말하면 개미보다 열 배 더 작아질 것입니다."

그 후 얼마 지나지 않아, 일곱 개의 머리를 가진 거대한 거인이 딸을 하나 두고 살며, 자기 집에 오는 모든 남자를 반드시 죽이겠다는 규칙을 세웠다. 그 가난한 남자는 일곱 개의 머리를 가진 거인의 말을 듣고, 그 딸과 결혼하겠다고 결심했다. 사람들은 그를 비웃었지만, 그는 결국 거인의 집 마당에 도착했다. 거기서 그는 딸을 발견했지만, 거인은 집에 없었다. 그는 그녀에게 결혼하겠다고 말했고, 그녀는 거인이 그를 죽일 것이라고 말했다. 그는 거인과 싸우겠다고 말했다. 그는 다음 날 다시 갔고, 그다음 날도 다시 갔다. 거인은 그가 있는 낌새를 알아채고 집 안에 있는 딸에게 말했다.

"아! 신선한 피 냄새가 나는구나!"

"아니요, 아빠, 그런 건 없어요!"

거인은 그가 숨어 있는 방으로 들어갔다. 남자는 "회색 개미들"이라고 말했고, 그는 개미보다 열 배나 작아져서 틈새를 지나 계단을 내려가 녹색 들판에 나와 원래 모습으로 돌아왔다. 거인이 나와 그를 잡았다. 그는 사자를 불렀고, 사자보다 열 배나 강해졌다. 그는 거인의 머리 세 개를 베어냈다.

거인의 모든 보물은 둥근 언덕에 숨겨져 있었고, 열쇠는 쇠지팡이에 걸려있는 두 개의 구슬이었다. 두 개의 구슬과 쇠지팡이가 거인의 주머니에서 떨어졌다. 남자가 "회색 개"라고 말하자, 남자는 개보다 열 배나 빠르게 되어 구슬과 지팡이를 잡았다. 거인이 그를 쫓아왔고, 남자는 "회색 까마귀"라고 말했다. 그는 까마귀보다 열 배나 높이 날아올랐다가 내려와서 나머지 네 개의 머리를 잘라냈다. 거인은 쓰러져 죽었다. 소녀의 조언을 따라 그는 언덕으로 곧장 걸어 올라가 쇠지팡이를 언덕 꼭대기에 세워 놓고, 두 개의 구슬을 언덕 아래쪽에 놓았다. 두 구슬은 쇠지팡이 쪽으로 굴러갔다. 그러자 언덕의 비밀 문이 열렸다. 그렇게 해서 남자는 안으로 들어가 숨겨진 보물을 모두 차지했고, 소녀와 결혼했다. 그는 모든 것을 얻었다.

아무리 강해도 무너질 수 있는 것이다.

점쟁이 잭

T. Brown, Claremont, St. Anne.

어느 날 잭이 자신을 점쟁이라고 말했다. 왕의 아내가 결혼반지를 잃어버렸다. 그녀는 반지가 어디로 갔는지 알려달라고 잭을 불렀다. 잭은 아무것도 몰랐지만, 꾀를 내었다. 왕의 집에는 하인이 3명 있었다. 그 3명 중 하나가 반지를 훔쳤다. 왕은 잭에게 범인을 알아내는 데 4일을 주었다. 다음 날 아침이 되자, 하인 중 한 명이 잭에게 아침 식사를 가져다주었다. 잭이 말했다.

"주님을 찬양하라, 하나 찾았다!"

같은 날 점심때도, 저녁때도 하인이 식사를 가져왔다. 그때마다 잭이 말했다.

"주님을 찬양하라, 셋을 찾았다!" (잭은 3끼의 식사를 공짜로 먹게 되었다는 뜻이었지만, 하인들은 잭이 자신들을 말하는 줄 알았다.)

하인 중 한 명이 집으로 들어가 말했어,

"잭에게 우리가 반지를 가져갔다고 말하자, 그가 알고 있어."

그들 중 한 명이 밤에 잭에게 와서 그 반지를 훔쳤다고 고백했다. 잭이 말했다.

"아, 그래. 나는 오래전부터 너희가 훔쳤다는 걸 알고 있었어!"

잭이 말했다.

"만약 내가 왕에게 그 반지 이야기를 하면, 왕이 너희 셋을 참수할 거야."

그리고 잭이 다시 말했다.

"작은 공을 만들어 반지를 넣고, 큰 칠면조 입에 넣어둬."

다음 날 아침 9시가 되자, 왕은 잭을 불러 아내의 반지가 어디 있는지 말하라고 했다. 말하지 못하면 죽이겠다고 했다. 잭이 말했다.

"부인의 반지가 어디 있는지 알고 싶으면, 저 큰 칠면조를 잡아 목구멍을 들여다보십시오."

그들은 칠면조를 죽이고 반지를 발견했다. 그날부터 왕은 잭의 말을 믿고 딸을 잭에게 시집보냈다. 지난주에 내가 그 집 앞을 지나가다가 그들을 봤는데, 그들은 내게 좋은 소고기 뼈를 주었다. 잭이 머리를 써서 부를 얻었다!

은혜 갚은 시체들

Richard Morgan, Santa Cruz Mountains.

잭은 한 소녀와 결혼하기로 약속했는데, 한 도적이 그 소녀를 잭에게서 빼앗아 갔다. 사람들은 잭과 소녀를 다른 이름으로 불렀었다. 소녀는 '그를 잡아'라 불렸고, 잭은 '할 수 있다면'이라 불렸다.

잭은 소녀를 찾아 나섰다. 잭이 한참을 걸었을 때, 사람들이 죽은 남자의 시체를 두들겨 패는 걸 보았다. 그가 물었다.

"이런! 왜 이러는 겁니까?"

사람들이 말했다.

"저자가 우리에게 빚을 많이 졌어!"

잭은 그 남자의 빚을 모두 갚아주고, 시체를 묻어주었다. 조금 더 가다가 또 다른 사람을 보고 똑같이 했다. 다시 조금 가다 또 다른 장면을 목격하고 똑같이 했다.

그러자 이제 돈이 바닥났다. 잭은 그 도적이 하인을 찾는다는 소식을 듣고 찾아갔다. 도적이 말했다.

"그래, 하인이 필요해!"

도적은 모든 방의 열쇠를 주었는데 한 방만 빼고 주었다. 잭이 말했다.

"알겠습니다, 주인님!"

도적은 매일 밖으로 나갔다가 왔다. 잭은 모든 문을 열었다. 마지막 문을 열자, 소녀가 그 방에 묶여 있었다. 소녀가 말했다.

"잭, 왜 이 문을 열었어? 도적이 너를 죽일 거야. 도적은 날 여기 잡아놓고 살찌워서 죽이려는 거야."

잭이 말했다.

"나도 도적만큼 똑똑해!"

그러고는 소녀를 내려서 머리를 빗겨 주고, 이도 잡아주고, 먹을 것도 주고, 다시 전처럼 묶어 놨다. 도적이 와서 물었다.

"잭, 이 방에 들어갔느냐?"

잭이 대답했다.

"아니요, 주인님."

도적이 열쇠를 가지고 문을 열고 들어가 보니 소녀는 자신이 떠날 때와 똑같은 모습으로 묶여 있었다.

매일 잭은 같은 일을 반복했고, 마지막 날에 소녀를 풀어 주고 함께 도망쳤다. 그들은 배를 탔다. 그런데 소녀가 너무 예뻐서 배에 있던 남자 중 한 명이 잭을 시기해 바다에 던져버렸다. 다른 꼬마 소년이, 그 소년의 이름도 잭이었는데, 널빤지 한 조각을 던지며 말했다.

"불쌍한 사람! 이걸로 노를 저어."

그 소녀는 바로 다음 날 잭과 결혼하기로 했던 왕의 딸이었다. 물에 빠진 잭은 널빤지로 노를 저어 바다 한가운데 있는 바위에 다다랐다. 잭은 바위 위로 올라가 앉아 머리를 감싸 쥐었다.

밤이 되자, 펠리컨 한 마리가 날아와 그의 머리를 쪼고 빵 한 조각을 주었다. 펠리컨은 잭을 태우고 날아가 그를 다른 곳에 내려놓았다. 또 다른 펠리컨이 그를 데리고 날아가 다시 다른 곳에 내려놓았다. 마지막 펠리컨은 먹을 것을 주고 마을로 데려다주었다. 그 펠리컨들은 잭이 묻어 준 3명의 죽은 자들이었다. 그 3명의 죽은 자들이 잭의 목숨을 구해 준 것이었다.

다음 날 아침, 마을 전체가 거리에서 사람을 찾아볼 수 없었다. 잭은 집을 구하려고 했지만, 모든 집이 모두 세가 나간 상태였다. 잭이 집을 빌릴 수 없자, 한 여자가 길가의 다락방밖에 없다고 말했다. 잭이 말했다.

"바로 그곳이 내가 원하는 곳입니다!"

잭은 그곳에서 머무르며 남녀가 같이 교회로 가는지 지켜보았다.

그러다 한 여자가 마차를 타고 교회로 가는 모습을 보았다. 그 소녀였다. 마침내 그 소녀가 그곳에 나타나자, 잭이 그녀를 발견하고 외쳤다.

"그를 잡아!"

소녀가 잭이 부르는 소리를 듣고 외쳤다.

"잡을 수 있다면!"

소녀는 마부에게 마차를 돌려 집으로 돌아가라고 말했다. 그녀는 집에 돌아가서 경찰을 보내 마을 전체를 뒤져 사람들을 데려오라고 명했다. 그러나 경찰이 데려온 사람마다 그녀는 아니라고 했다. 모든 사람을 다 데려왔지만, 잭은 없었다. 마지막으로 온 한 노파가 말했다.

"이제 이 마을엔 한 남자만 남았어. 그 남자는 잔뜩 취해 있어. 큰 럼 한 병을 마셨거든!"

그 남자는 소녀를 보고 기뻐서 술을 마신 잭이었다.

소녀가 말했다.

"그를 데려와요!"

잭이 오자마자 그녀는 그를 붙잡고 입을 맞추고, 집으로 들어가 몸을 씻기고 단장하면서 자신에게 어떤 어려운 일이 있었는지 이야기했다.

그들은 이 일을 저지른 도적을 체포했다. 도적은 혀끝을 꿰어 매달려 처형당했다.

소년과 그의 주인

Richard Morgan, Sania Cruz Mountains.

한 늙은 마법사가 있었다. 늙은 마법사는 조수를 구하고 있었다. 한 소년이 마법사에게 가서 말했다.
"조수를 구하고 계신가요, 선생님?"
마법사가 말했다.
"그래, 그런데 너는 글을 읽을 수 있니?"
소년이 "못 읽어요"라고 말하자, 남자가 말했다.
"좋아, 너를 내 조수로 채용하겠다."
그는 오랫동안 소년이 마법 책을 보지 못하게 했다. 소년이 책을 집어 들 때마다, 늙은 마법사는 말했다.
"오, 이런! 네가 내 주인이 되려고 하는구나! 집으로 가라!"
소년은 마법사 몰래 마법을 배웠다. 소년의 어머니와 아버지는 가난했다. 소년이 말했다.
"어머니, 내일 내가 살진 돼지로 변할게요. 나를 데려가서 파세요. 그렇지만 나를 밧줄로 묶지 마세요."
어머니는 돼지를 팔아 2파운드를 받았고, 돼지는 다시 소년으로 변해 집으로 왔다. 다음 날 소년이 말했다.
"어머니, 내일은 예쁜 암말로 변할게요. 나를 데려가서 파세요. 나를 밧줄로 묶지 마세요."
소년의 아버지가 장으로 가던 중 한 남자를 만났다. 그 남자가 말했다.

"호-오, 정말 예쁜 암말이네! 얼마에 팔 거요?"

"100파운드요."

늙은 아버지는 암말을 넘겨주면서 밧줄을 풀려고 했다. 그 남자가 말했다.

"당신은 정말 바보야! 내가 암말을 사는데 어떻게 줄을 가져가겠다고 하는 거요!"

그 남자는 늙은 마법사가 변신한 것이었다. 마법사는 밧줄에 묶인 암말을 가져갔다. 마법사는 그 암말이 소년이 변신한 것임을 알아차렸다. 동시에 소년도 그 남자가 늙은 마법사임을 알았다. 마법사는 시장을 지나가다가 암말을 묶어놓고 술을 한잔하려고 가게로 들어갔다. 몇 명의 학생들이 지나갔다. 암말이 말했다,

"너희들, 이 밧줄을 내 머리에서 풀어줄 수 있니?"

아이들이 말했다,

"이것 봐! 말이 말을 하는 것을 본 적이 있니?"

암말이 말했다,

"신경 쓰지 마! 밧줄을 풀어줘."

아이들이 밧줄을 풀자, 암말은 달리기 시작했다. 아이들이 소리쳤다,

"당신의 암말이 도망갔어요!"

늙은 마법사가 가게 밖으로 나왔다. 그는 경주마로 변해 암말을 쫓아 달렸다. 암말은 다시 비둘기로 변해 날아갔다.

늙은 마법사는 큰 매로 변해 하늘로 날아갔다. 비둘기는 유리 창문이 있는 집까지 날아갔다. 비둘기는 창문을 통해 날아들어, 어떤 여자의 무릎에 떨어졌다. 비둘기는 반지로 변해 여자의 손가락에 끼워졌다. 매는 창문을 지나가 날아갔다. 매가 날아가자, 반지가 손가락에서 빠져나와 소년으로 변해 여자에게 말했다.

"내일 아침에 한 남자가 여기 올 거예요. 그 남자는 이 반지를 주면 당신을 결혼시켜 주겠다고 할 거지만, 그 제안을 받아서는 안 돼요."

다음 날 소년이 반지로 변해서 여자의 손가락에 끼워졌다. 한 남자가 마차를 타고 와서 말했다.

"여기 반지가 있나요?"

여자가 그렇다고 대답했다. 남자가 말했다.

"내가 당신에게 남편을 구해 주겠소."

여자는 "네"라고 대답하고 반지를 빼서 남자에게 주려다 바닥에 떨어트렸다. 반지가 바닥에 떨어지자, 옥수수 알갱이로 변했다. 남자가 마차에서 내려 닭으로 변해 옥수수 알갱이를 쪼아 먹으려 했다. 옥수수 알갱이가 뛰어올라 고양이로 변해 닭의 머리를 물어 죽였다. 소년은 일어나 마차를 타고 늙은 마법사의 집으로 가서 모든 것을 차지했다. 이렇게 소년은 늙은 마법사보다 더 뛰어나게 되었다.

동물의 언어

Richard Morgan, Santa Cruz Mountains.

한 소년이 있었다. 그는 주인과 같이 살았고, 매주 수요일마다 야생지로 가서 주인의 양을 돌보았다. 어느 날, 소년은 뱀을 한 마리 보았다. 뱀이 말했다.

"제발 나를 제 아버지에게 데려가 주세요. 하지만 가서, 만약 제 아버지가 돈을 준다면 받지 말고, 모든 동물의 지식을 달라고 요청하세요."

그래서 소년은 뱀을 그의 아버지 집으로 데려갔다. 소년이 뱀을 데리고 가자 아버지 뱀은 그에게 돈을 원하느냐고 물었다.

소년이 말했다.

"아니요, 저는 모든 동물의 지식을 이해하고 싶어요."

아버지 뱀은 그에게 누우라고 말한 후 그의 입에 침을 뱉었다. 그리고 뱀은 소년에게 그가 듣는 모든 동물의 말을 누구에게도 말하지 말라고 경고했다. 만약 그가 그 사실을 말한다면, 그날 반드시 죽을 것이라고 말했다.

다른 수요일, 그는 같은 곳으로 갔다. 그는 비둘기가 나무에 앉아 있는 것을 보았다. 비둘기는 쿠쿠거리면서 그에게 나무 아래를 파면 거기서 많은 돈을 발견할 것이라고 했다. 소년은 그곳으로 가서 땅을 파고 돈을 발견했다. 그는 그 돈을 주인에게 가져갔고, 주인은 그 돈을 모두 그에게 주었다. 소년은 그 돈을 가지고 정착해 아내를 맞이했다.

어느 저녁, 그와 그의 아내가 각각 말을 타고 나갔다. 그는 앞서서 타고 가고 있었고, 부인은 뒤쪽에서 따라가고 있었다. 그의 말이 돌아서서 부인이 타고 있던 암말에게 히힝거렸다. 암말이 대답하며 말했다.

"나는 당신과 함께 갈 수 없어요. 당신은 두 명인데, 나는 네 명이니까요. 나는 나와 내 새끼, 부인과 부인의 아기를 태우고 있으니, 당신처럼 빨리 갈 수 없어요."

남편이 돌아서서 웃었다. 그런 남편을 보고 부인이 물었다.

"왜 두 동물이 울부짖는데, 당신은 나를 보고 웃는 거예요? 뭔가 이상한 게 있네요!"

그녀는 남편에게 그 의미를 말해달라고 계속 졸랐다. 남편은 그녀에게 말했다.

"내가 그 의미를 말하면, 나는 반드시 죽을 거예요. 목수를 불러서 관을 만들어요. 그 후에 말해줄게요!"

목수가 와서 관을 만들고, 남편이 관 안에 들어가 누웠다. 그의 집 마당에는 닭이 한 마리 있었다. 닭이 관 근처로 다가와 울기 시작했다. 부인이 말했다.

"아, 저리 가! 주인의 머리 위에서 그런 소리를 내다니!"

남편이 말했다.

"닭을 그대로 내버려 둬요!"

닭이 주인에게 말했다.

"주인님, 여자 때문에 생명을 버리다니 바보네요! 세상에 내가 가진 아내들이 얼마나 많은지 보세요. 그런데 아내들이 모두 나에게 오면 나는 그들을 쪼아버려요. 그러면 그들이 나를 괴롭히지 않아요. 그러니 주인님, 관에서 나와서 회초리를 들고 집으로 들어가 아내를 두 번 때리세요. 그러면 그녀가 다시는 당신을 괴롭히지 않을 거예요."

남자는 그렇게 했다. 그는 일어나 집으로 들어가 회초리를 들고 그녀의 어깨를 세 번 때렸다. 그날부터 그 여자는 그에게 한마디도 하지 않았다.

세 가지 조언

Richard Morgan, Santa Cruz Mountains.

어떤 남자가 있었다. 그는 결혼했고, 세 아이를 얻었지만 가난해졌다. 그는 아내에게 말했다.
"내가 할 일을 찾아보러 갈 거야."
아내가 말했다,
"알겠어요, 여보."
그는 100마일을 걸어갔다. 그가 주인집 담장에 도착했을 때 주인이 말했다.
"자네는 너무 늦었어. 오늘 아침에 도축꾼을 고용했어."
그는 또 100마일을 걸어가서 도축업자의 자리를 얻었다. 그는 일 년 동안 일을 했다. 그동안 품삯을 받지 않았다. 품삯은 일 년에 100파운드였다. 일 년이 지나자, 여주인이 그에게 말했다.
"자네의 돈과 세 가지 조언 중 어느 것을 원하는가?"
그가 말했다.
"저는 세 가지 조언을 원합니다."
여주인은 그에게 권총 하나와 빵 한 덩어리, 그리고 돌아가는 길에서 쓸 돈을 주며, 집에 도착할 때까지 빵을 먹지 말라고 했다. 세 가지 조언은 '건너간 다리를 저버리지 말라, 분쟁에 간섭하지 말라, 분노에 휩싸여 서두르지 말라'였다. 그리고 그는 집으로 오는 여행을 떠났다.

처음에 그는 왔던 길과는 다른 길로 가려 했다. 그러나 '건너간 다리를 저버리지 말라'는 첫 번째 조언을 기억했다. 그는 처음에 왔던 길로 갔다. 조금 더 가다 보니, 사람들이 한 시체를 때리고 있는 것을 보았다. 그는 그들에게 소리치려고 했지만, 두 번째 조언을 기억했다. 그는 그대로 지나쳤다. 집에 거의 도착했을 때, 그는 아내와 아이들, 그리고 한 남자가 나란히 걸어가는 것을 보았다. 그는 권총을 들어 그 남자를 쏘려 했지만, '분노에 휩싸여 서두르지 마라'는 세 번째 조언을 기억했다. 그는 권총을 내려놓았다. 조금 더 가서 보니, 그 남자는 누이의 남편이 집에 없다는 소식을 듣고 아내의 남동생이 누이를 찾아온 것이었다.

가족들과 집에 도착하자 남자는 자신이 얼마나 멀리 갔는지 말하기 시작했고, 아내에게 말했다.

"여주인이 내 돈과 세 가지 조언 중 어느 것을 택하겠느냐고 물었어. 나는 세 가지 조언을 선택했어. 그녀는 이 빵을 주면서 집에 도착할 때까지 자르지 말라고 했어. 그리고 내 노잣돈도 줬어."

아내가 말했다.

"어쩌자고 돈을 안 받고 세 가지 조언을 택했어요!"

남편이 말했다.

"어쩔 수 없었어."

아이들이 소리쳤다.

"아빠, 빵을 자르세요! 아빠, 빵을 자르세요!"

그가 칼을 들고 빵을 자르자, 100파운드가 테이블 위에 흩어졌다.

세 가지 조언은, 첫 번째는 그가 다른 길로 가면 결코 집으로 돌아갈 수 없다는 것이었다. 두 번째 조언은, 그 사람들이 죽은 사람을 때리고 있었는데 그가 그들에게 참견하면 그들이 그를 죽이리라는 것이었다. 세 번째 조언은, 그가 자신의 처남을 쏘리라는 것이었다.

세 형제와 생명의 나무

Richard Morgan, Santa Cruz Mountains.

한 여자에게 세 아들이 있었다. 어느 날 큰아들이 말했다,
"엄마, 우리는 일자리를 찾아 나가겠어요."
그녀는 말했다,
"그래, 애야, 하지만 막내를 잘 돌봐라!"
어머니는 두 개의 빵을 구워주었다. 세 형제가 길을 가던 중 막내가 말했다,
"형, 배고파!"
큰형이 말했다.
"이 빵을 얻는 유일한 방법은 네 눈 하나를 뽑는 거야."
막내가 말했다.
"지금 뽑아."
큰형은 그렇게 했다. 다시 멀리 걸어가던 중 막내가 소리쳤다.
"형, 배가 고프다!"
큰형이 말했다.
"다른 조각을 맛보려면, 다른 눈도 뽑아야 해."
막내가 말했다.
"배가 고픈데 어떻게 하란 말이야?"
큰형은 다른 눈을 뽑아내고 남은 빵을 주었다. 그리고 두

형제는 그 가엾은 아이를 남겨두고 떠났다.

밤이 되자 막내는 더듬거리며 걸어갔다. 그는 나무를 느꼈다. 그는 나무 위로 올라갔다. 자정이 지나자, 그는 사람들이 이야기하면서 오다가 나무 아래에서 멈추는 소리를 들었다. 그들은 두 명의 유령이었다. 그중 한 유령이 그 나라의 왕은 태어날 때부터 눈이 멀었다고 말했다. 다른 유령이 말했다.

"만약 사람들이 이 나무가 '생명의 나무'라는 것을 알았다면, 이 나무를 가져가 왕의 눈을 고쳤을 거야."

가난한 눈먼 소년은 그 말을 모두 들었다. 소년이 나뭇잎을 따서 두 눈을 문지르자, 두 눈이 뜨였다. 소년은 나무에서 내려왔다. 다음 날 아침, 소년은 나뭇잎 두 장을 따서 왕의 궁전으로 갔다. 그가 들어가자, 병사가 말했다.

"이봐 친구, 무슨 일인가?"

소년이 말했다.

"왕을 만나고 싶습니다."

병사들은 그를 들여보냈다. 그는 왕에게 가서 말했다.

"오, 폐하!"

왕이 말했다.

"무슨 일이냐?"

소년이 말했다.

"제가 들으니, 폐하의 눈이 멀었다고 합니다. 제가 뜨여드리러 왔습니다."

왕이 말했다.

"오, 얘야, 내 눈은 다시 뜰 수 없다!"

소년이 말했다.

"제가 뜨도록 해드리겠습니다. 하지만 문지를 때 소리를 내지 마십시오."

소년이 주머니에서 잎을 꺼내 왕의 눈을 문지르자, 왕의 눈이 뜨였다. 왕은 소년을 자신의 딸과 결혼시켰다.

그 주에 막내의 눈을 상하게 했던 두 형이 최근에 결혼한 젊은 왕이 많은 일을 하고 있다는 소식을 들었다. 그래서 두 형제는 궁으로 들어가서 일을 청했다. 왕이 말했다.

"오, 이 사람들아, 조금 더 일찍 왔더라면! 내 사위는 방금 마을로 내려갔어."

두 형은 젊은 왕을 찾아 마을로 내려갔다. 그들은 마을로 내려가서 젊은 왕을 만났다. 그러나 그들은 자신들의 형제를 보고도 전혀 알아보지 못했다. 그들이 말했다.

"안녕하세요, 폐하! 당신의 장인이 우리를 여기 일하러 보냈습니다."

젊은 왕이 말했다.

"아, 그렇군요! 그런데 배가 고프신 것 같네요."

형들이 대답했다.

"아, 예, 그렇습니다. 폐하!"

젊은 왕은 사람들에게 빵나무 열매를 따게 하고 그걸 구워주었다. 그들이 먹는 동안 이야기를 나누면서 젊은 왕이 말했다.

"하지만, 친구들, 함께 여행한 다른 형제는 어디 있습니까?"

형이 대답했다.

"길에서 병이 나서 남겨두고 왔습니다. 그래서 그가 살아 있는지 모르겠습니다."

젊은 왕이 말했다.

"내가 너희가 두 조각의 빵 때문에 눈알을 뽑아낸 잃어버린 형제다!"

형들은 놀라움을 금치 못했다.

막내는 자신이 어떻게 눈이 뜨게 됐는지 모두 말하고, 그들에게 일을 주지 않고 쫓아냈다. 쫓겨난 형들은 생명의 나무를 찾아 길을 떠났다. 그들은 생명의 나무에 도착하자 나무 위로 올라갔다. 밤이 되자 그들은 두 유령이 말하는 소리를 들었다. 유령들은 곧 나무에 도착해서 길을 멈추고 그곳에 머물러 쉬었다. 한 유령이 말했다.

"그런데 너도 알다시피, 지난밤 우리가 여기서 이야기할 때 누군가가 내가 이 생명의 나무에 대해 말하는 것을 들은 것 같아. 왜냐하면 내가 왕의 눈이 뜨였다는 말을 들었거든."

그가 그렇게 말하자, 다른 유령이 말했다.

"나에게는 신선한 피 냄새가 나는데!"

유령은 바로 나무 위로 올라가 두 사람을 잡고 목을 부러뜨렸다.

시간이 지나서 어느 날, 젊은 왕과 아내가 어머니를 방문했다. 어머니는 형들은 어떻게 됐느냐고 물었다. 그는 어머니에게 형들이 자신에게 한 모든 일을 말했고, 두 유령이 없었다면 다시는 어머니를 볼 수 없었을 것이라고 말했다.

세 명의 바보

Charles Roe, Maroon Town, Cock-pit country.

어느 날 한 젊은 남자가 젊은 여자에게 구혼하러 갔다. 그가 여자 집에 도착했을 때, 마당에는 그 젊은 여자와 그녀의 아버지, 어머니가 있었다. 어머니가 딸에게 말했다.

"너는 저분에게 아침 식사로 오렌지를 따와야 해."

젊은 여자가 나가자, 어머니는 그녀가 오렌지를 가지고 돌아올 때까지 기다렸다. 그러나 아무리 기다려도 딸이 돌아오지 않자, 어머니는 오렌지 나무로 갔다. 딸은 오렌지 나무 밑에 앉아 있었다. 어머니가 말했다.

"얘야! 여기서 이렇게 오랫동안 뭐 하고 있니? 오렌지 안 딸 거니?"

젊은 여자는 어머니에게 말했다.

"엄마, 제가 첫 아이를 낳으면 어떤 이름을 지어야 할지 생각하고 있었어요."

그러자 어머니가 말했다.

"그래, 그렇구나."

그래서 그들은 같이 앉아서 이름을 고민했다. 아버지는 그녀들이 돌아올 때까지 기다리다가 지쳐서 오렌지 나무로 갔다.

"아니, 왜 이렇게 안 오는 거요?"

어머니가 말했다.

"여보, 저와 딸이 첫 아이에게 어떤 이름을 지어줄지 고민하고 있었어요."

그러자 아버지가 앉아서 말했다.

"그렇구나, 이제 함께 논의해 보자."

기다리던 남자가 말했다.

"이 세 사람이 집에서 오렌지를 찾으러 갔는데, 왜 아직 안 오지?"

남자는 기다리다 못해 오렌지 나무로 가서 말했다.

"왜 그렇게 오래 걸리는 겁니까? 나한테 오렌지를 따주지 않아서 마당에서 굶어 죽게 생겼어요."

젊은 여자가 말했다.

"자기야, 우리 첫 아이에게 어떤 이름을 지어줘야 할지 생각하고 있었어요."

젊은 남자가 말했다.

"저는 가겠습니다. 만약 당신 같은 바보를 세 명 만나면 돌아와서 당신과 결혼하죠."

그리고 남자는 여자의 집을 떠났다. 남자가 길을 가다 첫 번째 교차로에 도착했을 때, 한 사람이 손가락으로 길에서 돌을 집어 들어 길 밖으로 던지고 있었다. 남자가 물었다.

"무슨 일을 하고 있습니까?"

그 사람이 말했다.

"길에서 돌을 집어내서 길 밖으로 던지고 있어요. 내가 도로의 모든 돌을 다 집어낼 수 있는지 보려고요."

남자가 말했다.

"바보 하나 봤어!"

남자는 그 사람을 지나쳐 가다가 또 다른 사람이 두 개의 막대기를 세우고 바지를 그 위에 걸어놓은 뒤, 뛰어올라 바지 안에 들어갈 수 있는지 시도해 보는 것을 보았다. 남자가 말했다.

"오! 이 바보야, 바지를 내려놓고 두 발을 넣어. 이건 내가 그 여자 집에서 본 세 바보를 떠나온 후 만난 두 번째 바보야!"

그를 지나쳐 해변으로 가니, 또 다른 사람이 냄비를 들고 물을 퍼내며 바다를 말리려고 했다. 그래서 남자가 말했다.

"잘한다, 이 바보야! 이건 내가 다른 세 바보를 남겨두고 온 후 보는 세 번째 바보야. 어떻게 바다를 말릴 수 있겠어? 죽을 때까지 물을 퍼내도 바다를 말릴 수 없을 거야."

그래서 남자는 다시 여자 집으로 돌아갔다. 돌아와서 그가 말했다.

"좋아요, 내 사랑, 나는 당신들 세 바보보다 더 바보 같은 세 바보를 봤어요. 그래서 이제 당신과 결혼하러 돌아왔어요."

사자 굴 속의 염소

Henry Spence, Bog, Westmoreland.

어느 날 어미 염소와 두 새끼가 하루 종일 걸어갔다. 저녁이 거의 될 때까지 걸어가다가 비가 내리기 시작했다. 그때 큰 바위가 보였다. 어미 염소와 두 새끼는 바위 아래로 들어가 피신했다. 그들은 그곳이 사자의 집이라는 것을 몰랐다. 사자는 세 마리 염소가 오는 것을 보고, 큰 소리를 내며 으르렁거렸다. 어미 염소는 두려워하며 사자에게 말했다.

"안녕하세요, 목사님!"

사자는 어미 염소에게 말했다.

"안녕."

어미 염소가 사자에게 말했다.

"저는 두 아이에게 세례를 주기 위해 목사님을 찾고 있어요. 이 두 아이에게 이름을 지어주고 싶어요."

사자가 어미 염소에게 말했다.

"이 아이의 이름은 '저녁 식사'이고, 이 아이의 이름은 '내일 아침'이야. 그리고 너, 어미의 이름은 '내일 저녁'이야!"

그렇게 사자가 염소들에게 3개의 이름을 지어주자, 어미 염소는 사자가 어떻게 나올지 너무 두려웠다. 두 새끼 염소는 자신들이 받은 이름을 듣고, 심장이 벌떡벌떡 뛰기 시작했다!

사자가 어미 염소에게 두 새끼에 대해 물었다.

"아이들에게 무슨 일이 있느냐?"

어미 염소가 말했다.

"방이 너무 더워서 두 아이가 무서워하는 것 같아요."

어미 염소가 사자에게 부탁했다.

"아이들이 몸이 안 좋아 어디 갈 수 없어요. 두 아이가 밖으로 나가서 조금이라도 공기를 쐬게 해주세요."

사자가 동의하며 말했다.

"좋다. 하지만 저녁이 되면 반드시 들어와야 한다!"

어머 염소는 두 새끼에게 어둠이 내리기 전에 가능한 한 빨리 도망가라고 속삭였다. 사자는 저녁이 다가오는데 두 새끼가 돌아오지 않자, 다시 으르렁거리기 시작했다.

어미 염소가 사자에게 말했다.

"아이들이 너무 오래 밖에 있어서 걱정돼요. 늦기 전에 아이들을 데려오게 해주세요."

사자는 동의했다. 어머 염소가 밖으로 나간 후, 아무도 돌아오지 않았다. 모두 사라져 버렸다!

이 이야기의 의미는, 여자가 남자보다 더 많은 지혜를 가지고 있다는 것이다.

당나귀, 고양이, 그리고 사자의 머리

Joseph Macfarlane, Moneague, St. Ann.

어느 날 당나귀와 고양이가 여행 중이었다. 그들은 길을 가던 중에 사자의 머리를 발견했다. 고양이는 그 머리를 주워 당나귀의 바구니에 넣었다. 그들이 모퉁이를 돌자, 사자 두 마리가 길에서 식사를 하고 있었다. 당나귀와 고양이는 사자 머리가 든 바구니를 모퉁이 뒤에 놔두고 그들에게 갔다. 사자들이 말했다.

"우리는 아침을 먹고 있어!"

당나귀와 고양이가 말했다,

"우리도 먹을 것이 충분히 있어요!"

당나귀가 말했다,

"고양아, 너 가서 사자 머리를 가져와, 오늘은 어떤 걸 먹을지 골라야겠다."

고양이가 모퉁이로 가서 사자 머리를 들고 말했다,

"이거예요?"

당나귀가 말했다,

"다른 걸로."

고양이가 모퉁이 뒤에서 다른 사자 머리를 꺼내는 척하면서 말했다.

"이거요?"

당나귀가 말했다.

"다른 거."

이렇게 그들은 약 20번 반복했다. (실제로는 하나뿐이었다.)

사자들이 서로 속삭이며 말했다.

"도대체 오늘 하루 동안 사자 몇 마리를 죽인 거야? 우리 둘은 어떻게 될까?"

사자들은 서둘러 식사를 마치고 집으로 돌아갔다.

똑똑한 몰리 메이

Emily Alexander, Mandeville.

한 번은 아난시가 친구를 저녁 식사에 초대하기 위해 밖으로 나갔다. '리틀 몰리 메이'는 그의 하녀였다. 아난시는 그녀에게 저녁 식사로 먹을 칠면조 굽는 일을 맡겼다. 아난시는 와인 병을 채우고, 식탁을 차리고, 프록코트와 탑 햇을 입고, 지팡이를 들고 친구를 만나러 나갔다. 몰리 메이는 칠면조를 구웠다. 구워진 칠면조가 너무도 맛있게 보여서, 몰리 메이는 한 조각만 먹어보기로 했다. 그래서 한 조각을 먹었는데, 너무 맛있어서 또 한 조각을 먹었다. 또 너무 맛있어서 또 한 조각을 먹고 와인 한 모금을 마셨고, 마시고 맛보기를 반복하다 결국 칠면조를 모두 다 먹고, 와인도 다 마셔버렸다.

그러다 그녀는 아난시가 돌아오는 것을 보았다. 그녀는 급히 주방으로 달려가서 뼈를 주워 접시에 예쁘게 정리하고 접시를 덮어 테이블에 놓았다. 아난시는 집에 들어오자, 손님을 집 안으로 보내고 몰리 메이에게 말했다.

"어떻게, 모든 것이 잘 되었나?"

그녀가 대답했다.

"네, 주인님! 모든 것이 잘 되었어요."

아난시는 칼을 들고 밖으로 나가서 날카롭게 갈기 시작했다. 몰리는 집안으로 달려가서 손님에게 아난시가 칼을 갈아 그의 손 하나를 자르려고 한다고 말했다. 손님은 급히 집을 빠져나갔다. 몰리는 밖으로 나가 아난시에게 손님이 칠면조와 와인을 모두 먹었다고 말했다. 아난시는 달려가서 테이블 위에 있는 뼈를 보고, 손님을 쫓아 달려갔다. 손님은 걸음아 나 살려라 도망쳤고, 아난시는 그를 쫓아가며 외쳤다.
"하나 남겨 줘! 하나 남겨 줘!"
아난시는 칠면조 한 조각을 남겨두라는 뜻이었지만, 손님은 자신의 손 하나를 남겨두라는 뜻으로 이해하고 목숨 걸고 도망쳤다.

큰돈을 번 아난시

Stanley Jones, Claremont, Si. Ann.

아난시는 매우 가난했고, 큰돈을 벌기 위해 집을 나섰다. 하지만 그는 일을 할 생각은 없었다. 그는 흰옷을 입고 있었다. 길을 가다 아난시는 한 여자를 만났다. 그녀가 물었다.
"당신은 누구신가요, 어디서 오셨나요?"
"나는 천국에서 왔다."
여자가 말했다.
"내 남편을 거기서 보셨나요?"
아난시가 말했다.
"음, 여자여, 하늘은 넓은 곳이니 그의 이름을 말해야 한다. 아마도 내가 그를 만난 적이 없을 수도 있거든."
그녀는 그의 이름이 '제임스 토마스'라고 말했다. 아난시가 말했다.
"오, 그는 내 좋은 친구지! 나는 그를 잘 안다. 그는 거기서 큰 보스이고, 갱들을 이끌고 있다. 하지만 한 가지 문제가 있다. 그는 일요일에 입을 옷이 없다."
여자는 달려가서 모을 수 있는 돈을 모두 모아 아난시에게 주며 남편에게 전해달라고 했다.
아난시는 여자에게 돈을 받았지만, 그 액수에 만족하지 않았다. 그는 더 큰돈을 원했다. 조금 더 가다 보니 한 남자가 여자에게 돈을 주며 '비 오는 날을 위해 저축하라'고 말하는 것을 보았다. 남자가 떠나자 아난시는 그 여자에게 다가가 자신이 '비 오는 날'이라고 말했다.

그녀가 말했다.

"아, 당신이었군요, 제 남편이 당신을 위해 10년 동안 돈을 모아왔어요. 꽤 많은 돈을 모아서 강도들이 두려웠는데, 당신이 와서 기쁘네요!"

그래서 아난시는 돈을 받아 집으로 돌아가 남은 생을 만족스럽게 살았다.

시장에서 돌아오는 아난시와 돼지

Moses Hendricks, Mandeville.

아난시가 시장 청소 일을 맡았다. 시장을 청소하고 돈을 받은 후, 그는 '위 피그'라는 돼지를 샀다. 집으로 가는 길에 강을 건너야 했다. 그는 돼지를 건너게 할 수 없었다. 아난시는 돼지를 자신이 운반하고 싶지 않았고, 도와주는 자에게 돈을 주고 싶지도 않았다. 누가 공짜로 도와주기를 바랐다. 아난시는 개가 한 마리 다가오는 것을 보았다. 아난시가 말했다.

"개야, 부탁이니 이 돼지를 물어줘. 이 돼지가 강을 건너게 뛰게 해서, 아난시가 집에 돌아가게 해줘."

개가 말했다.

"안 돼, 못 해."

아난시는 지팡이가 지나가는 것을 보고 말했다.

"지팡이야, 부탁이니 이 개를 때려줘. 이 개가 돼지를 물게 하고, 돼지가 강을 뛰어넘게 해서 아난시가 집에 돌아가게 해줘."

지팡이가 말했다.

"안 돼, 못 해."

아난시가 불을 보고 말했다.

"불아, 이 지팡이를 태워줘. 이 지팡이가 개를 때리게 하고, 개가 돼지를 물게 하고, 돼지가 강을 뛰어넘게 해서 아난시가 집에 돌아가게 해줘."

불도 안 된다고 말했다.

아난시는 물을 보았다.

"물아, 나를 위해 이 불을 꺼줘. 이 불이 지팡이를 태우게 하고, 지팡이가 개를 때리게 하고, 개가 돼지를 물게 하고, 돼지가 강을 뛰어넘게 해서 아난시가 집에 돌아가게 해줘."

물이 말했다.

"안 돼, 못 해."

아난시는 소가 오는 것을 보았다.

"소야, 이 물을 마셔줘. 물이 불을 끄게 하고. 불이 지팡이를 태우게 하고, 지팡이가 개를 때리게 하고, 개가 돼지를 물게 하고, 돼지가 강을 뛰어넘게 해서 아난시가 집으로 돌아가게 해줘."

소도 거절했다.

그는 도살꾼이 오는 것을 보았다.

"좋은 도살꾼아, 부탁이니 이 소를 도살해 줘. 이 소가 물을 마시게 하고, 물이 불을 끄게 하고. 불이 지팡이를 태우게 하고, 지팡이가 개를 때리게 하고, 개가 돼지를 물게 하고, 돼지가 강을 뛰어넘게 해서 아난시가 집으로 돌아가게 해줘."

도살꾼는 거절했다.

그는 밧줄이 오는 것을 보았다.

"밧줄아, 부탁이니 이 도살꾼을 목매달아줘. 이 도살꾼이 소를 도살하게 하고, 소가 물을 마시게 하고, 물이 불을 끄게 하고. 불이 지팡이를 태우게 하고, 지팡이가 개를 때리게 하고, 개가 돼지를 물게 하고, 돼지가 강을 뛰어넘게 해서 아난시가 집으로 돌아가게 해줘."

밧줄도 거절했다.

아난시는 기름 덩어리가 오는 것을 보았다.

"기름 덩어리야, 이 줄을 기름칠해 줘. 이 줄이 도살꾼을 목매달게 하고, 도살꾼이 소를 도살하게 하고, 소가 물을 마시게 하고, 물이 불을 끄게 하고. 불이 지팡이를 태우게 하고, 지팡이가 개를 때리게 하고, 개가 돼지를 물게 하고, 돼지가 강을 뛰어넘게 해서 아난시가 집으로 돌아가게 해줘."

기름 덩어리도 거절했다.

아난시는 쥐를 보고 말했다,

"나 좀 도와줘, 쥐야, 이 기름 덩어리를 갉아 먹어줘, 이 기름 덩어리가 줄을 기름칠하게 하고, 줄이 도살꾼을 목매달게 하고, 도살꾼이 소를 도살하게 하고, 소가 물을 마시게 하고, 물이 불을 끄게 하고. 불이 지팡이를 태우게 하고, 지팡이가 개를 때리게 하고, 개가 돼지를 물게 하고, 돼지가 강을 뛰어넘게 해서 아난시가 집으로 돌아가게 해줘."

쥐도 거절했다.

고양이가 다가오는 것을 보았다.

"고양아, 부탁이니 이 쥐를 죽여줘. 이 쥐가 기름 덩어리를 갉아 먹게 하고, 기름 덩어리가 줄을 기름칠하게 하고, 줄이 도살꾼을 목매달게 하고, 도살꾼이 소를 도살하게 하고, 소가 물을 마시게 하고, 물이 불을 끄게 하고. 불이 지팡이를 태우게 하고, 지팡이가 개를 때리게 하고, 개가 돼지를 물게 하고, 돼지가 강을 뛰어넘게 해서 아난시가 집으로 돌아가게 해줘."

고양이가 말했다.

"알았어, 내가 쥐를 죽일게!"

쥐가 말했다.

"네가 나를 죽이기 전에, 내가 기름을 갉아 먹을게!"

기름이 말했다.

"네가 나를 갉아먹기 전에, 내가 줄을 기름칠할게!"

줄이 말했다.

"네가 나를 기름칠하기 전에, 내가 도살꾼을 목매달게!

도살꾼이 말했다.

"네가 나를 목매달기 전에, 내가 소를 죽일게!"

소가 말했다.

"네가 나를 죽이기 전에, 내가 물을 마실게!"

물이 말했다.

"네가 나를 마시기 전에, 내가 불을 끌게!"

불이 말했다.

"네가 나를 끄기 전에, 내가 지팡이를 태울게!"

지팡이가 말했다.

"네가 나를 태우기 전에, 내가 개를 때릴게!"
개가 말했다.
"네가 나를 때리기 전에, 내가 돼지를 물게!"
돼지가 말했다.
"네가 나를 물기 전에, 내가 강을 건널게!"
그래서 돼지는 강을 건너갔고, 아난시와 함께 안전하게 집으로 돌아갔다.

자메이카의 아프리카 민담들 II

초판인쇄 2025년 11월 26일
초판발행 2025년 11월 28일

지 은 이 홍명희

펴 낸 이 홍명희

펴 낸 곳 아딘크라

주   소 경기도 용인시 기흥구 탑실로 152
          대주피오레 2단지 202-1602
전   화 031)201-5310
등록번호 2017.12. 제2017-000096호

ISBN 979-11-89453-36-7 93890

값 15,000원
ⓒ 2025